AF614545

PROGRESAR ES FÁCIL
LO DIFICIL ES SOPORTARLO

Magdalena Salamanca y Virginia Valdominos

EDITORIAL GRUPO CERO
COLECCIÓN: EXTENSIÓN UNIVERSITARIA

Fotografía de contraportada: Carmen Salamanca

ISBN: 978-84-9755-226-4
Depósito Legal: M-8598-2019
Impreso por Pinares Impresores, S.L.
pinaresimpresores@telefonica.net
C/ Buen Gobernador, 24
28027 Madrid

Impreso en España

PROGRESAR ES FÁCIL
LO DIFICIL ES SOPORTARLO

Magdalena Salamanca
Virginia Valdominos
Editorial Grupo Cero 2019

ÍNDICE

La importancia del trabajo en nuestras vidas 11
Aspectos psíquicos que interfieren en el trabajo 29
Salud laboral.. 47
Impedimentos al progreso personal y profesional............ 61
Casos empresariales.. 81

Ser poderoso no alcanza, después, hay que poder soportarlo, llevarlo adelante, hacerse cargo del amor que se genera con el poder, hacerse cargo del saber que se genera con el poder, eso es lo más difícil.

Miguel Oscar Menassa

LA IMPORTANCIA DEL TRABAJO EN NUESTRAS VIDAS

"La felicidad solo puede hallarse en el camino del trabajo".
José Martí

Miguel Oscar Menassa nos transmite que en una sociedad justa el trabajo es un don, que la aversión humana hacia el trabajo se desprende de que vivimos en sociedades injustas. En su organización más simple, el trabajo es una actividad racional capaz de producir valores de uso. El trabajo es la condición imprescindible en la relación del hombre con la naturaleza. Trabajo de forma simple porque se agota en el producto que produce. Produce un valor de uso, es decir, un valor que parte de la propiedad de la cosa y que puede ser utilizado en cualquier demanda humana en el orden de la necesidad y en el orden de la fantasía.

La capacidad de trabajar es uno de los criterios de salud para el psicoanálisis y cuando una persona está afectada en su capacidad de trabajar podemos decir que es efecto de un conflicto psíquico. Como leemos en el capítulo sobre Salud de nuestro libro "Amor, sexo y dinero. Lo mejor y lo peor", podemos decir que una persona está sana si su capacidad para amar y para trabajar en la realidad no está afectada. En cambio, la enfermedad siempre afecta a la capacidad de trabajar y la falta de trabajo produce enfermedad porque el psiquismo nunca puede dejar de trabajar y, si no trabaja en la realidad material, trabaja en la realidad psíquica haciendo síntomas, porque los mecanismos psíquicos en la salud y la enfermedad son los mismos, la diferencia, siempre, es de cantidad.

Hay muchos empresarios y autónomos que llegan a un techo y dicen "yo tengo todo lo que necesito", tengo mi coche, tengo mi casa, tengo pagado el colegio de los niños, cubiertas mis necesidades básicas, ya está, hasta aquí. Dejo de producir, de vender. Porque al final todos de alguna manera nos vendemos y eso es otra cosa muy importante que podemos aprender. Que somos vendedores de nosotros mismos, ya seamos empresarios, empleados, autónomos. Cualquier función que esté relacionada con el trabajo es una autoventa, pero esa autoventa está condicionada por cómo yo concibo el trabajo. Lo puedo concebir como un esfuerzo o como algo negativo, como algo que tengo que hacer, como una obligación o como un castigo. Vamos a ver de dónde procede esa ideología, que está tan arraigada en nosotros porque es inconsciente y, además, está determinando, influyendo en nuestro rendimiento a la hora de trabajar y en cómo nos relacionamos con el trabajo, en cómo lo vivimos.

Los seres humanos somos complejos. No somos individuos, sino sujetos divididos en una parte consciente y una parte inconsciente. En cada uno hay varias tendencias, una que quiere y otra que no quiere, una que desea y otra que se resiste.

En el ejemplo tres descrito en el capítulo de casos empresariales, estamos tratando de mostrar el efecto de la sobredeterminación ideológica inconsciente. La ideología no tiene nada que ver con nosotros, ni con la realidad. Los hermanos le dicen "trabajas mucho", pero tiene que ver con cómo ella ve esa realidad: "yo siempre me veo como que puedo menos de lo que podría". "Todos me dicen, tú haces, tú vas, tú vienes, y yo siempre me veo mucho más pequeña, mucho más chiquitita". Esta visión puede no tener nada que ver con la realidad. Porque son dos realidades distintas. Una, la realidad material real y otra, la realidad psíquica.

Pero la que a uno le afecta es la realidad psíquica. La realidad material está, a veces, lejos de poder verse.

Además, los seres humanos nos empeñamos en querer tener razón, aunque sea en contra de nosotros mismos. Estamos empeñados en demostrar que lo que yo sé es lo que es, aunque no me sirva, aunque no me valga para nada, incluso, aunque vaya en contra mía, es decir, que esté perjudicando mi crecimiento, la relación de pareja, la relación con los empleados. Pero, ¿por qué? Porque esa ideología que hemos dicho que no es nuestra, sobredetermina nuestra manera de hacer. Pero ¿de dónde viene? ¿de dónde nace? ¿de la madre? ¿de lo social? ¿del Estado? Se mama de la madre, del estado, de la sociedad, de la familia, de la educación. O sea, no es nuestra, pero nosotros la defendemos. Llegamos a decir: Es que son así las cosas. Vivimos sometidos a algo que no es nuestro y eso genera conflicto psíquico. Entre la ideología, el deseo inconsciente, la moral (que muchas veces nos impide crecer profesionalmente), los prejuicios, la repugnancia hacia algunas cosas, la vergüenza e, incluso, el asco que sentimos por las personas (ya que siempre que se te acerca alguien te pone en cuestión, porque tiene otra manera de pensar, otra manera de ver las cosas, otra manera de hablar, de moverse), podemos decir que somos manejados. Siempre hay otro que es diferente a uno y eso produce efectos en nosotros, incluso siempre hay uno en nosotros diferente a nosotros mismos que viene a contradecirnos.

Estábamos diciendo que cuando uno trabaja, hay un trabajo a favor de uno; cuando uno no trabaja, hay un trabajo en contra de uno. Pero lo curioso es que en ambas situaciones siempre se va a producir una ganancia. Hasta cuando uno pierde en el trabajo, cuando uno no llega a final de mes, cuando uno fracasa en un proyecto profesional, hay una ganancia a nivel psíquico. Puede haber ganancias económicas, pero también puede haber ganancias afectivas. Tu madre te dice "¡pobrecito!", por ejemplo. O te dice:

"Ay, ¡cuánto trabajas, mi amor, te va a pasar algo al final! ¡No trabajes tanto!" y tú tienes esa frase metida en la cabeza, la llevas contigo todo el día. Aunque tu mamá esté muerta, sus frases siguen pesando sobre ti.

Las personas de su alrededor le dicen: "¡Pobrecito, es que no le va bien, es que necesita adquirir habilidades, es que tiene muchos inconvenientes en su vida personal, por eso no le va bien!". Que no, no nos engañemos, eso puede de alguna manera actuar, pero no lo puedo utilizar en mi puesto de trabajo. Cuando yo estoy en un trabajo, a mí no me pagan para que me vaya bien o mal en mi vida personal, a mí me pagan para desempeñar una función, aunque sea el dueño de la empresa, sobre todo, si soy el dueño de la empresa. Los jefes o directivos tienen que ser considerados unos súper-trabajadores de la empresa. Son los que más soportan la incertidumbre empresarial, su salario es superior porque la función que ocupa lo requiere, el jefe es un trabajador y tiene que trabajar para la empresa.

Todos trabajan para la empresa, todos median entre la empresa y el cliente, entre el producto que uno vende o el servicio que ofrece, y el cliente. Cada uno en posiciones diferentes para la empresa, pero tienen que trabajar para el proyecto empresarial. Ya sea una empresa de productos o de servicios. Lo que debemos tener claro es lo que va a condicionar cómo ese trabajador se relaciona con el cliente. Cómo va a realizar esa labor de intermediación es consecuencia de su relación con la empresa. Su relación con el proyecto empresarial.

Si el trabajador, por muy buen trabajador que sea, no está de acuerdo con la empresa, no va a vender. Va a trabajar en contra de la empresa, inconscientemente. Y, aunque parezca mentira, hace un trabajo igual o mayor al trabajo que supondría vender y trabajar a favor. Porque tiene que ir en contra de todo el movimiento, del proyecto. Quizá ése es su deseo. Algún deseo inconsciente se satisface en esa persona trabajando en contra de la empresa, porque si no, no le pasaría. A veces, lo justificamos: es la crisis, la cuesta de enero, pero no hay justificación. Porque hay gente que en crisis se hace de oro, hay gente para la que la cuesta de enero no existe. Hay gente que, ante la pérdida cercana de un ser querido, se potencia en el trabajo y trabaja más, produce más, gana más. No hay nada del exterior que lo pueda condicionar, es lo que cada uno hace con eso.

Esas son las diferencias entre unos y otros, ¿qué hace cada uno con eso que se produce en la realidad material?, ¿cómo lo maneja ese individuo desde su realidad psíquica?

Siempre hay una ganancia, hasta en el fracaso. Porque los fracasos tienen dedicatoria, son para alguien. Los éxitos también, no son para nosotros, son para alguien. El ser humano no se puede pensar aislado, siempre es con otros, todo lo bien que hago y todo lo mal que hago, lo hago para alguien o para algo. Pensamos, "he sido yo el que ha cometido este error y lo he hecho todo mal". Sí, has sido tú, pero ¿por qué? Entras en un bucle que no tiene salida, pero ¿para qué lo he hecho? ¿qué consigues con eso? ¿por qué has metido la pata justo a la hora de cerrar este negocio? Algo consigue ese sujeto, ¿a quién fastidia? ¿estamos dispuestos a beneficiarnos y que otros se beneficien de nuestro trabajo?

Uno es capaz de perjudicarse a sí mismo para que otros no se beneficien con su trabajo. Y otros son: el jefe, la empresa, los compañeros, la pareja, los hijos, la mamá, el papá. Es capaz de reducir su productividad o su desarrollo porque le da envidia que sus hijos tengan una mejor vida que la que él tuvo. Y esto que podemos creer que es una brutalidad desde la moral, desde el aparato psíquico es posible. No quiero que mi mujer se vaya a cenar con sus amigas, ¿voy a ganar dinero para que ella se lo gaste con sus amigas? Este pensamiento es moralmente reprobable, y uno se siente culpable, siente culpa inconsciente, porque al aparato psíquico no se le puede engañar, uno hace como que se engaña a sí mismo. Estas son cosas que se producen inconscientemente y no nos podemos permitir ni pensarlas, y menos aceptar que somos capaces de eso. Interiormente uno lo sabe y se siente culpable y se castiga, es un saber no sabido conscientemente. Empieza a castigarse porque entra en el bucle de cometer errores y fracasos por la culpa inconsciente, y reconocemos la culpa por el castigo que se infringe a sí mismo.

La culpa inconsciente es tan compleja que no sabemos nada de ella hasta que no aparece un castigo, es un castigo que uno mismo se hace a sí mismo o hace que alguien le castigue. Repetimos esto, porque es muy importante, solo podemos saber de la culpa inconsciente por la necesidad de castigo.

Puede ser que un proyecto que estabas trabajando durante muchos años y que ya parece que iba a salir, parece que iba a culminar, y de repente "no sale, se ha echado para atrás el inversor y no va", por ejemplo. Culpa inconsciente. He hecho un trabajo para llegar hasta ahí, y de esto no me doy cuenta en la conciencia. ¿Qué trabajo he hecho para producir la reacción de ese inversor?, ¿qué trabajo hago en contra del desarrollo de ese proyecto? O también ¿qué trabajo hago todos los días para hacerme creer que no valgo para lo que ya me están pagando? Ya me están pagando por un trabajo que todo el mundo me dice que hago bien y yo me empeño en considerar que no valgo para realizar ese trabajo.

Cada uno tiene que conquistar la posición en la que le ponen y, además, cada día. Porque a uno le ponen en ese puesto, firma el contrato, le asignan un salario y, ahora, lo tiene que demostrar cada día, hay que conquistar esa posición, hay que hacerlo cada día. Soy empresario y ése es un título que viene en la tarjeta y hay que ponerlo, porque si dejo de hacer el trabajo de empresario, dejo de ser empresario. Cualquier cosa que conquisto en la vida, por mucho que haya sido hasta hoy así, puede cambiar, depende de lo que haga.

La tendencia al principio del placer es una tendencia al mínimo esfuerzo que está en todos. Y tiende a bajar la productividad cuando ya hemos cubierto las necesidades básicas, ahí nos quedamos tranquilos. Es como que nos frenamos nosotros mismos, nos vamos para atrás justo cuando estamos en plena carrera; cuando ya lo he conseguido, he llegado a la primera meta, freno. Entonces uno tiene que hacer una especie de trabajo para superar ese principio de placer, esa tendencia al placer que está cada vez, porque cuando suena el despertador por la mañana, uno podría elegir quedarse en la cama. Cada vez que me tengo que enfrentar a un cambio, a un nuevo proyecto, uno dice "qué pereza, otra vez". Cuando un compañero del equipo de trabajo se contagia del no hacer, del no trabajar (¡qué fácil es contagiarse de eso!), dice: "¡Ah! deja eso, mañana lo hacemos. Vamos a tomar una cañita abajo, termina ya".

Es tan fácil contagiarse porque la tendencia nuestra es al principio del placer: Pero, por suerte, también están las exigencias de la realidad. Están los clientes, están los proveedores. Gracias, porque si no, no haríamos nada. Gracias a la demanda que viene de la realidad. Podemos decir que nos despertamos gracias a la realidad. Ante esta decisión de renunciar al principio del placer, a veces, aparece en nosotros una angustia, una angustia porque es un nuevo cliente al que no conozco y tiene que salir todo perfecto, o porque es un nuevo proyecto. Ante la novedad siempre se produce una especie de angustia que no toleramos bien.

La angustia es necesaria. No podemos vivir sin angustia. Otra cosa es la que se padece, que ya no es la angustia vital, sino que es una angustia patológica. Pero la angustia es vital para el progreso, está en el límite entre el deseo y el placer, el placer de quedarnos quietitos. Siempre que aparece la angustia es que me quiero quedar en esa zona placentera en vez de ir hacia el deseo, hacia la mejoría, hacia afuera de mí mismo. Porque, cuando uno se repliega en sí mismo, eso es principio del placer, goce fálico, volver al pasado, donde la mamá te lo daba todo. Nos quedamos ahí, en el padecimiento, en ese sufrimiento en el que dices: "¡qué mal lo estoy pasando!" Pero, por otro lado, cómo estoy gozando. Pero el goce es una posibilidad del trabajo humano también. Lo social está siempre fuera. Tienes que salir fuera de ti para el encuentro con el otro, aunque el cliente no se parezca nada a uno. El encuentro con el otro siempre es incómodo, molesto. Entonces vemos que hay que hacer un trabajo para salir de todas las frases que has aprendido desde que naciste hasta ahora. Porque uno dice "es que mi mamá me decía..." ¡Que tu mamá te decía! Tú eres el que haces que tu mamá te diga, todavía hoy con 40 años "pobrecito, no te vayas a hacer daño cuando bajes la escalera".

Por ejemplo, si repites con todos los clientes las mismas frases es que algo de tu mamá está hablando en ti, porque, si son clientes diferentes ¿cómo vas a repetir las mismas frases? Es importante tolerar las diferencias. Cuanto más tolero las diferencias, más clientes tengo. Pero si quiero que mis clientes sean como yo quiero que sean, que sean todos de cierta clase social, que me paguen todos puntualmente, que sean rubios, que tengan un ojo verde y otro azul, limitas la cartera de clientes.

Y ¿por qué no se toleran las diferencias? Algunos piensan que se debe a que hay que realizar un esfuerzo de adaptación. Para adaptarte a las diferencias de ese cliente tienes que trabajar más, para satisfacer lo que quiera. Si tratas a todos los clientes igual, al final haces con todos lo mismo, pero si te adaptas a cada cliente, tus maneras de trabajar van a ser más numerosas y eso supone un mayor trabajo, por eso, te resistes. Y puede ser, pero el cliente es diferente a ti. Y cada cliente va a traer cosas que te gustan de ti y cosas que no te gustan de ti. Cada relación que estableces con alguien te va a mostrar cosas que te gustan y cosas que no te gustan de ti. Porque el otro nos hace de espejo en el que nos miramos. Nosotros no nos podemos ver nunca a nosotros mismos completos, aunque nos miremos en el espejo, no nos vemos nunca completos. Es una imagen virtual. Nos vemos en los otros, veo a otro y me imagino cómo soy yo, me da el saber de cómo soy yo.

Hay personas con las que no quieres hablar nunca, ¿por qué? Porque te muestran que tú no has hecho el trabajo para ser lo que ella es. Entonces, frente a esa imagen de nosotros que nos da el otro, muchas veces se despiertan sentimientos agresivos, porque vemos en el otro algo que no nos gusta de nosotros mismos, lo proyectamos en el otro. No lo vemos en nosotros, pero vemos al otro y decimos "mira éste... tal o cual cosa", pero es algo de nosotros mismos, que estamos viendo en el otro, y eso nos despierta agresividad.

En las relaciones de pareja es clarísimo, en el otro veo cosas que me gustan, pero ¿qué cosas? Lo que me gusta de mí, lo que me gustaría llegar a ser, lo que fui, o algún rasgo que me recuerda a mi papá, a mi mamá, a algún familiar. Si no, no te enamoras de alguien. No te enamoras ni de lejos. Lo que nos enamora son esas cosas: que se parece a mí en algo, que se parece a algo de lo que quiero llegar a ser, a algo de lo que fui o que tiene un rasgo parecido, o lo contrario, de mi papá (padre protector) o de mi mamá (mujer nutriz).

Por ejemplo, me he enamorado de un vago. Pero es que mi papá era un trabajador incansable que me agobiaba tanto que al final me he ido a enamorar de un vago porque no soporto esa exigencia que mi padre me imponía desde que nací. ¡Es brutal! ¡Es que no nos damos cuenta de cómo nos determinan las cosas! Y estos procesos que estamos mencionando, tan comunes en la pareja, también nos pasan con los clientes, con los jefes, con los subordinados, con los colaboradores. A veces, las empresas se estropean por estas cosas. Por no poder detectarlas en el equipo de trabajo. Porque, aunque tú seas el jefe, tú también formas parte del equipo de trabajo.

Los empresarios y directores tienen una posición diferente

dentro del equipo, en el sentido de que son modelo de identificaciones, es decir, que los trabajadores de vuestras empresas se van a identificar con vosotros. Si un día estáis deprimidos, no queréis saber nada del mundo, queréis desaparecer, eso es con lo que se van a identificar los trabajadores. Vuestro psiquismo repercute en el rendimiento de toda la empresa. El ser humano desea deseos. No desea a las personas, desea deseos, es decir que, si el deseo del jefe ese día va en contra de la empresa, los empleados sin darse cuenta van a desear ese deseo para la empresa. La figura del jefe no es que cobre más porque se lo imponen ellos, sino porque son los que más tienen que soportar las diferencias, las contradicciones, los deseos, que, a veces, son a favor y, a veces, son en contra de él o de la empresa.

Los deseos infantiles muchas veces se ponen en juego en las relaciones de trabajo. También para un jefe los empleados son como niños que compiten por el amor de los padres. Los empleados, también, necesitan reconocimiento, necesitan cariño, un poco de cuidado, otras veces necesitan un "no", que alguien que representa la Ley les ponga límites. El jefe ocupa esa posición, es como un sustitutivo de la figura paterna y de la figura materna. Tiene que saber desenvolverse bien en esas posiciones, cuando los empleados o integrantes del equipo de trabajo necesitan cuidado, cuando necesitan apoyo, cuando necesitan un límite. Es muy importante la figura del jefe y del empresario para el rendimiento de toda la organización y de cada uno de los trabajadores.

En los equipos de fútbol se aprecia claramente cuándo el entrenador no asume su función, porque no soporta estas cuestiones, el equipo no juega o juega para perder, en contra del entrenador. Los equipos trabajan, a veces, para que echen a los entrenadores. Y es muy delicado porque, como se te ponga el equipo en contra, no hay manera. Puede ser por envidia, por celos, incluso por culpa. El fútbol es un ejemplo muy claro. Ya puedes tener la mejor plantilla del mundo, pero como no esté bien dirigida, no hay manera.

Si está bien dirigida, tienen un buen entrenador. Si el entrenador funciona y el equipo va mal, hay que ir a la junta directiva. Porque ahí está el fallo, y es que, en ocasiones, los equipos de fútbol se utilizan como empresas para otras cosas, entonces el equipo no está de acuerdo, no está de acuerdo con lo que se está haciendo con ellos. En los clubes de fútbol es clarísimo. Utilizan los equipos y a los jugadores como marketing o para otros fines, considerados más importantes que ganar el partido. En ese momento deja de ser un equipo de fútbol. Muchas veces hemos oído que les pagan para perder. ¿Tú sabes lo que esto supone para el narcisismo de los jugadores de fútbol? Todos tenemos narcisismo.

El jefe debe, alguna vez, demostrar al empleado ser más torpe que él, ¿para qué? Para que salga adelante el proyecto, por la empresa. Para que crezca el empleado. Ese padre que decíamos antes súper potente que todo lo hace bien, es inalcanzable. No puede construir un equipo de trabajo que vaya bien porque se derrumba, dice, pero si nunca lo voy a hacer tan bien como el jefe, imposible, abandono. Son tantas las cosas que se ponen en juego en las relaciones humanas...

Entonces, una cosa muy importante en los jefes y los empresarios es la flexibilidad, la capacidad para dejarse llevar por las conversaciones, sin prejuicios, sin ideas previas de lo que le tiene que decir a un empleado, sin prepararse la conversación, pero sí preparándose personalmente, psicoanalizándose, estando en formación para poder dejarse llevar por la conversación, escuchar lo que está diciendo el otro, qué está pidiendo del jefe, qué dice. Así que la escucha es muy importante. No escuchar a todo el mundo igual, no escuchar desde los prejuicios, salir de uno mismo y ponerse en la función, en la relación y dejarse llevar por las frases. Porque las que se hablan entre las personas son las frases. El tipo dice una frase y tú tienes que dejarte llevar por la frase que a ti se te ocurre en esa situación hablando con esa persona. Es como con un nuevo amor, si uno comienza una nueva relación de pareja con una persona diferente, no le puede tratar como trataba a su anterior pareja porque va a perder ese nuevo amor. Lo mismo con cada empleado, proveedor o cliente.

El problema que encontramos aquí es que tendemos a repetir, aprendemos por repetición, cualquier cosa que aprendemos es por repetición, entonces la tendencia que tenemos es a repetir. Por eso, caemos, a veces, en esa ideología familiar en la que queremos tratar a los otros como nos trataron a nosotros.

La capacidad de amar es fundamental para poder atender a los clientes. Cuando me empeño en querer amar de una única manera o a una única persona, estoy limitando mi vida y no es que ahora tengo que ir amando a todo el mundo y acostándome con todo el mundo, no es eso. Es otro amor. Un amor social: "dar lo que no se tiene a quien no es". No tiene que ver con el amor de la especie, de la procreación, sino que es un amor social.

Cuando un ingeniero construye un puente, cuántas personas se van a beneficiar de ese puente sin que el ingeniero las conozca, ni siquiera van a saber quién fue quien lo construyó. Es un acto de amor, un acto de amor social, para que ese puente no se caiga, para que tenga la resistencia apropiada. El ingeniero se va a beneficiar porque le van a pagar un dinero por esa construcción, pero sin darnos cuenta, todos, cuando recibimos el salario, estamos obligados a participar de ese amor social, que es difícil pensar. "¿Cómo? Si yo sólo hago la contabilidad". Ese trabajo hace que la empresa pueda prestar un buen servicio a muchos clientes que tienen esa necesidad. Que a veces es una necesidad real y otras es una necesidad afectiva. Por ejemplo, en una clínica dental "quiero tener bellos dientes" o "quiero sonreír tranquila". O, incluso, puede ser una necesidad del orden de la fantasía, porque quiero parecerme a una actriz que yo idolatro, así que voy haciéndome cosas para parecerme a ella.

Si fuera una necesidad real, a todos nos bastaría con un coche básico que nos lleve de un sitio a otro con cierta seguridad; pero no, uno quiere uno de alta gama porque en el anuncio viene con la chica, que luego no viene con la chica, es mentira. Otro quiere el coche que su padre tenía o quiere una marca o modelo porque tiene nombre de mujer. El anuncio de calzoncillos que te vende un paquete grande. Se transmiten deseos, por eso, nos transmiten el deseo frente a eso que no tienes o que quieres mejorar, pero a nivel inconsciente porque, claro, tú estás comprando un calzoncillo, no estás comprando un paquete. La publicidad juega con eso. Ese calzoncillo te hace creer que tienes ese paquete. Hasta que te ves con el calzoncillo puesto.

Necesidad, demanda y deseo siempre entran en juego en cualquier relación comercial y laboral. Cualquier trabajador, lo que va a cubrir es una necesidad de un cliente que demanda, porque tiene un deseo. Demanda algo que yo tengo y que yo le puedo ofrecer. ¿Ves que es amor social? Sea lo que sea, aunque sea algo aparentemente innecesario, él lo demanda. Porque todos somos diferentes, nuestras necesidades van desde un Chupa Chups hasta un Rolls Roice, seguro que hay más, pero yo no puedo llegar más alto porque no lo puedo pensar. Cada uno tiene sus límites. Y tolerar las diferencias es fundamental porque cuando llega una paciente a la clínica y tú la ves perfecta, tanto que quizás no recomendarías ninguna intervención, pero lo importante es que esa persona quiere mejorar o cambiar algo.

Por ejemplo, el empresario y profesor de una academia recibe alumnos con expedientes académicos de diez, que piden clases particulares. O alumnos que tienen dos carreras y quieren una tercera. Y entonces el prejuicio es ¿para qué lo quiere? Lo quiere y ya está. El deseo es insaciable. Eso es otra cosa que tenemos que saber. No se calma nunca y eso es una maravilla. El problema es cuando lo quiero taponar, lo quiero calmar, ahí enferma. O cuando lo quieres ya. Sin trabajo. Eso te enferma seguro. Mucha ambición y poca capacidad de trabajo, enferma. Porque el trabajo es ese proceso que media entre la materia prima y el producto final. Hay un proceso de trabajo, un proceso de elaboración, bien sea un trabajo psíquico, bien sea un trabajo material. Siempre hay un trabajo desde la materia prima para llegar al producto final. Que después ese producto final puede ser materia prima para otro proceso de trabajo.

Sin embargo, no podemos obviar que el trabajo es lo que siempre tiende a negarse, a eliminarse. Nos damos cuenta de que hubo un trabajo cuando algo falla. Compramos un martillo, se nos sale la cabeza del martillo y entonces dices, pero ¡quién ha hecho esto! Pero si funciona bien, no nos damos cuenta de que ha habido un proceso de trabajo para producir el martillo. Cuando todo funciona bien parece que no hubo trabajo. Me gusta mi trabajo. Haces bien tu trabajo, no pasa nada. Pero cuando lo haces mal, cuando no funciona, cuando te quejas, es como el cuerpo, el cuerpo no existe si no te quejas, pero si te quejas "me duele aquí, me duele aquí, me duele aquí", es para sentir el cuerpo. ¡Siéntelo de otra manera!

Si hablamos del trabajo grupal, decimos que los éxitos son grupales y los fracasos también son grupales. Porque si no uno piensa que cuando hay éxito son los comerciales, se lo han ganado ellos, han vendido tanto. Y cuando hay fracaso, de quién es ¿de todo el equipo? Tanto los éxitos como los fracasos son grupales, porque uno solo no puede nada. Si no es por todo el equipo, el odontólogo no podría trabajar.

En el fútbol también es muy visible, cuando hay fracasos o es el entrenador o tal jugador. Se dice: "Ganamos, o han perdido". Si sale mal una intervención: lo hizo mal él, si sale bien, he sido yo el que he realizado la tarea y he supervisado todo desde el principio. Somos narcisistas. Y el narcisismo está genial, es necesario. En cierta medida, como todo, ya que la diferencia entre normalidad y locura, como hemos dicho en otras ocasiones, es una cuestión de cantidad. El narcisismo me salva de que yo meta la mano en el fuego, hace que me cuide todos los días, ése es un narcisismo saludable. Cuando hay una exageración del narcisismo es una interrupción para cualquier equipo de trabajo.

Hay un narcisismo altruista y un narcisismo egoísta. Está el narcisismo altruista, que es "yo lo hago bien, y además otros se van a beneficiar de que yo hago bien mi trabajo". Se benefician otros, pero yo también. Y el narcisismo egoísta aquel donde yo me satisfago a mí y respecto a los demás, no pienso en ellos. O yo lo hago mal porque algo se satisface en mí y perjudico a los otros. Es decir, que también hay que ver qué hacemos con el narcisismo que todos tenemos en cierta cantidad. Es una cuestión de cantidad. Cuando las cosas se exageran dan problemas, se enciende la lucecita de alarma. Cuando todo está en una cantidad conveniente es productivo, se puede utilizar bien para el trabajo, para el equipo, para los resultados. Pero no olvidemos que todo está sobredeterminado por el deseo inconsciente, si nos proponemos una lectura psicoanalítica de la situación. Así que podemos decir que el narcisismo es necesario, pero hay que legislarlo.

Cuando uno está en el sufrir y en el malestar, en el padecimiento, en el remordimiento, en la duda, en la crítica (hay trabajadores que no paran de criticar a los compañeros), eso produce efectos en el rendimiento, se critica a sí mismo, está hablando mal de sí. Pero es su deseo, se levanta cada mañana para ir a la oficina para criticar a los compañeros. Es su goce. Trabaja no tanto para recibir un salario, sino para satisfacer ese goce.

Debemos señalar algo muy interesante a la hora de gestionar equipos de trabajo: la verdad no existe, la verdad se construye y siempre es entre varias personas. Una persona, su capacidad para percibir la realidad, para interpretarla, es muy limitada. Y la verdad no es estática.

¿Cómo se puede hacer cuando un individuo del equipo se cree en posesión de la verdad? Bueno, implica un trabajo, hay que ir mostrándole su posición de manera no agresiva. Las cosas que se ponen de manifiesto en los empleados hay que mostrárselas, no hay que tener miedo y, a lo mejor, le ayudas. Porque a nadie le gusta que le digan: "Mira, te pasas el día criticando y generando malestar en el equipo." Puede reaccionar de dos formas, que se vaya o que cambie. Ambas pueden ser beneficiosas.

En contraposición, también hay que tener en cuenta los afectos del que tiene que decirle lo que se está observando con su actitud, podemos pensar que: "le voy a hacer daño". Y cuando uno se pone en esa situación de "le voy a hacer daño", lo que verdaderamente piensa es "a mí no me gustaría que me lo dijeran, me harían daño si me lo dijeran". Pero no decirlo es un poco egoísta, porque no estás mirando por la empresa, estás mirando por tu bienestar personal, por seguir siendo el mejor delante de todos, el más tolerante, el que aguanta todo.

Requiere también un trabajo psíquico, es decir, esa persona está en ese lugar psíquico fijado desde hace muchos años, desde hace mucho tiempo, gozando así y es algo que le pasa inconscientemente. Probablemente tú le digas esa frase y conteste que no se da cuenta de lo que hace.

Por ejemplo, cuando el jefe de una empresa de transportes da la oportunidad a su equipo para criticarle, exponerle qué es lo que no les gusta de él, los trabajadores que llevan menos tiempo en la empresa hablan tranquilamente, pero los que han estado cerca del jefe durante más tiempo, les cuesta más, e incluso algunos callan. Claro, porque ¡si le dijeran todo lo que piensan! ¡Lo que saldría por su boca! Critican al jefe siempre que pueden, pero justo en el momento en que éste les da la oportunidad para criticarlo abiertamente, no lo hacen. También es para llevarle la contraria.

Debemos tener en cuenta que la posición del hombre y de la mujer frente al deseo es distinta. Hay muchas mujeres que se comportan de manera histérica, los hombres también, pero en las mujeres hay facilidad para caer en esta posición psíquica. Y la mujer histérica es ésa que te seduce, te seduce, te seduce... te acaricia, te besa y llega hasta la cama y, una vez en ella, te dice "¡qué haces, asqueroso!". Se pregunta ¿qué hago aquí? ¿cómo he llegado hasta aquí? Le dice ¿Cómo se te ocurre? Bueno, es una exageración, pero es para que veamos. El histérico no reconoce su deseo. Su deseo tiene que quedar siempre insatisfecho y ése es su deseo. Su deseo es un deseo insatisfecho.

Ser empresario no es fácil, pero ser trabajador tampoco es fácil, porque tendríamos que tener una educación para saber con quién estamos hablando y con quién nos estamos relacionando. Eso es lo más importante, saber con quién hablo y de qué estoy hablando. Porque a veces me confundo, a lo mejor estoy hablando con mi jefe y le estoy contando mi vida privada, ¿ves? Estoy desubicado. Ahí es tu papá o tu mamá. Si le estás contando tu vida privada al jefe, le sacas del lugar de jefe.

En todas las empresas se conoce la vida privada de todos. Esto se produce por la posición que uno ocupa frente a los empleados. Lo que nos pasa a nosotros es un indicativo para ponernos en el centro de la cuestión y no seguir tirando balones fuera. Cuando uno tolera mucho tiempo algo o a alguien, se acostumbra a eso e incluso, le termina gustando que los empleados vayan a contarle sus problemas, para sentir que les ayuda, para hacerles sentir que le necesitan. Llego a creerme que yo soy un amigo y que soy un apoyo, entonces lo confundo todo.

Los límites son necesarios siempre, en la familia, en la pareja, en el trabajo. En todo, hasta cuando vas a comprar una entrada de cine tienes que esperar la cola. ¿Ves que siempre hay un límite? Tener claro cuáles son los límites da más seguridad al empleado, saber hasta dónde puede llegar, hasta dónde no puede llegar, hace que trabaje con más seguridad y que rinda más. Pero para que el empleado pueda tener claros los límites, el jefe ha de tener límites porque va a ser el encargado de encarnar la Ley empresarial.

En la pareja lo mismo, si le damos todo lo que él o ella nos demanda, entramos en una relación que nada tiene que ver con el amor. En los niños se ve muy bien, cuando no tienen límites, no saben cómo se tienen que comportar, están como locos. Bueno, imaginad circular por la calle sin el código de circulación, sería una locura, no podríamos circular. Nos tenemos que ocupar de establecer esos límites en nosotros mismos. Si el jefe sabe que es el jefe, que los empleados son los empleados, todo funcionará mejor. Por eso, hay que cuestionarse todo en uno. En cuanto el jefe se pone en su lugar, todo cambia automáticamente. Y si es capaz de reconocer lo que aporta cada uno de los miembros del equipo, mucho mejor. No los puedo tratar a todos por igual, cada uno es diferente y ocupa una función distinta, cada uno hace un trabajo distinto y todos los trabajos son necesarios para el éxito del equipo. Entonces, ¿cómo me tengo que comportar con cada uno?

Igual que con los clientes, todos los clientes son distintos. Podemos establecer un protocolo general de actuación con el cliente, y eso está muy bien, pero sabiendo que cada cliente es distinto. Reconocer que cuando estamos hablando de clientes, estamos hablando de seres humanos con la complejidad psíquica que tenemos los seres humanos, que justo es lo que venimos a señalar aquí, a poner en valor dentro de las empresas, queremos recalcar que los aspectos psíquicos de cada individuo afectan al trabajo y a los trabajadores. Debemos tener en cuenta esa complejidad, cuando nosotros escuchamos como trabajadores, como jefes, hay que tener en cuenta eso de lo que nos estamos ocupando aquí: los procesos y mecanismos psíquicos inconscientes.

ASPECTOS PSÍQUICOS QUE INTERFIEREN EN EL TRABAJO

"De todo se puede gozar, hasta de un fracaso, de una carencia".
Miguel Oscar Menassa

La sobredeterminación familiar es tan intensa que nos empeñamos en ir a cualquier trabajo y que nos traten como nos han tratado en la familia. Recuerdo el caso de una persona tan narcisista que sólo ella hacía bien las cosas, mejor que el jefe incluso. Porque en la familia era la más bonita, la mejor. La que más veces le dijeron "tú lo haces todo bien", "no dejes que nadie te diga que haces algo mal". ¿Cómo nadie te va a decir que haces algo mal?

El error es importante, no se puede aprender ni crecer sin cometer errores. El error es parte del crecimiento. No es error, si se aprende de los errores. El error puede ser un acierto. Muchas veces uno está acostumbrado a hacer las cosas de una manera y comete un error, y ahí puede darse cuenta de que hay otras maneras de hacerlo. Si vas chocando siempre con la misma piedra y no aprendes, algo no quieres transformar de ti. El exceso de personalidad lleva a no tolerar los errores, a no tolerar las correcciones, en definitiva, a no tolerar nada que te venga a contradecir.

Como veis, la personalidad no sirve de mucho. Mejor dicho,

no existe la personalidad, es un invento. La personalidad se construye cada vez, hay que hacerla cada vez. ¿Evoluciona la personalidad? Es lo que nos han hecho creer, que uno tiene una personalidad y va evolucionando. Nosotras les venimos a decir que no existe la personalidad. La personalidad es inconsciente, está sobredeterminada por la ideología y la ideología es inconsciente. Y ya hemos dicho qué es la ideología: ese resto, ese saco de residuos familiares, del estado, de la educación, que no soy yo. ¿Ven? Al final, ¿qué personalidad tengo?

La personalidad, para que juegue a nuestro favor, tiene que ser maleable, dócil, sin impedimentos, ha de ser social, dependiendo del momento y de con quién estoy hablando. Es por eso que, por ejemplo, en psicoanálisis, un psicoanalizando se puede transformar de la noche a la mañana, una interpretación psicoanalítica le puede cambiar la vida, puede ser otro. Porque, si fuera verdad que existiera esa personalidad firme, no habría manera, tendrías que coger el pico y la pala y darle en la cabeza al señor. Pero no. De ahí surge el prejuicio de que la gente no cambia y es mentira. Todos los días cambiamos. Cambiamos cincuenta, sesenta, cien veces de estado de ánimo al día. Por eso, no debemos dejarnos llevar por nuestro estado de ánimo. Nosotros tenemos que dejarnos llevar por el trabajo, por los pactos, por los proyectos. Porque si te dejas llevar por los sentimientos, te levantas por la mañana como Tarzán y llegas a casa a la noche como Mona Chita. Pasamos de un estado a otro en décimas de segundo.

Los sentimientos no pueden guiarnos, son los pactos sociales los que nos deben guiar. Somos sujetos psíquicos y sociales al mismo tiempo. Somos sociales. No hay individualidad. Un individuo solo no es nada, no existe. Para cualquier cosa necesitamos de los otros, tomamos un café y han hecho falta 40 personas para que ese café esté en la taza; el despertador que suena por la mañana lo han construido no sé cuántas personas. La luz eléctrica que parece tan accesible, ya que funciona con sólo dar a un botón.

Pero ¿cuántas personas trabajan para que esa luz esté encendida a la hora que yo quiera para mí? Nacimos en un mundo construido. Como nacimos y estaba construido nos parece que vino como por arte de magia. Pero ¿cuántos siglos de trabajo fueron necesarios?

Y eso es algo que hiere nuestro narcisismo. Llegar a un mundo construido significa que hubo otros antes que nosotros. Hubo otros seres humanos antes que yo, que ya no están y, cuando yo me muera, este mundo va a seguir funcionando, aunque yo no esté. Eso genera muchos celos, envidias, ahí está el núcleo de todo. Eso hace que muchos empresarios que pueden crecer mucho más, que pueden hacer crecer a sus empresas, no lo hacen porque, como se van a morir... Y, después, ¿quién se va a quedar con su empresa? ¿Los hijos? Algunos piensan: "estos vagos se van a quedar con ello". Hay empresarios que deciden destruir su empresa antes de que otros se beneficien de su trabajo de cincuenta años, pues si así es, hay que dejarle, que la destruya. El trabajador no depende de una u otra empresa, depende de su trabajo.

Por otra parte, está la cuestión de cuántos hijos no trabajan porque están esperando heredar de los padres. Entre los clientes de una empresa inmobiliaria se encuentra una familia de empresarios del sector textil, dos de los hijos trabajan y dos hijos no trabajan. Esto genera cierto malestar y discusiones entre los hermanos. La familia no puede hablar sobre el tema. Y si no lo pueden hablar no se puede proyectar el futuro. Una conocida empresa de industriales va a ser heredada por el hijo primogénito. El segundo hijo ha sido ordenado sacerdote, la hermana ha ofrecido sus votos y el hijo pequeño es el encargado de cuidar a los padres. Otra empresa dedicada a la prestación de servicios financieros está a punto de quedar en manos del varón de la familia que, según sus familiares, malgasta su fortuna en fiestas, y otras actividades extrañas a las costumbres familiares.

Una falta gravísima que hay en los colegios es no enseñar a comunicarnos ni a pensar. Porque el problema que hay en las empresas es que, cuando tú ves un error que es malo para la empresa, no eres capaz de mostrarlo, de trabajarlo, de sentarte con la persona implicada y decirle "mira, es que así no puedes seguir, yo no puedo soportar que estés todo el día así". No somos capaces de hablar claro. Y a veces lo somos, pero a medias tintas, normalmente no se llega al fondo de la cuestión. No sabemos conversar. Y aquí también entra el narcisismo porque decimos "no le voy a decir esto que sé que le voy a hacer daño". ¿Quién eres tú, que crees que le puedes hacer daño a alguien? ¿cuánto poder crees que tienes? Habría que pensar que es el otro el que se está haciendo daño con su actitud. Tú solamente le estás diciendo "mira lo que está pasando".

En ocasiones, también se crean relaciones de dependencia dentro de la empresa o del equipo de trabajo. El jefe está descontento con el trabajo de fulano de tal, pero es que este colaborador le ayudó a crear el negocio; el jefe dice "empezó conmigo y hay una gratitud hacia él", "gracias a este colaborador pude contactar con esta empresa" y mantiene al colaborador que le está molestando todos los días por una ilusoria gratitud, porque una vez le ayudó. El trabajo hay que medirlo por el trabajo y sobre todo por el trabajo por hacer, no por el trabajo que se hizo. Además, para el equipo es positivo, porque el equipo ve que valoras lo que hacen. Hay Ley.

Hay alguien que toma las decisiones frente a los despidos, pero, a veces, son los trabajadores los que se hacen despedir. Porque lo pensamos como que es el jefe el que prescinde de un empleado, pero, también, el trabajador lleva haciendo un trabajo para ser despedido durante años. A no ser que el jefe sea un caprichoso, que también los hay. Por norma general un jefe no va a echar a un trabajador que trabaja bien, a no ser por una cuestión de celos o de envidia, o de intolerancia al crecimiento de los empleados.

Puede darle pena despedirlo, pero hay que darse cuenta de que los dos han hecho un trabajo para llegar a esa situación. La pena es un sentimiento poco productivo. Tener compasión por alguien le encasilla en una posición concreta y establece la creencia de que no puede cambiar. La compasión no le ayuda a crecer ni a transformarse. Son sentimientos religiosos. Si siento compasión por alguien, ejerzo mucha pasión sobre esa situación, normalmente, para no transformarla. Todos los excesos son malos.

Y, por otra parte, el jefe debe de poder escuchar y conocer a su equipo porque en el grupo hay lugares que alguien ha de ocupar y a veces despides al que no trabaja y, ése que trabajaba y que amaba al que acaba de ser despedido ocupa el lugar del que no trabajaba. Son muy sutiles estas cuestiones de la grupalidad.

Deberíamos tener en cuenta una cosa: en los grupos y empresas existen vínculos afectivos. Llegamos a un lugar donde todo está construido, somos siete en la empresa, por poner un número, y llega alguien ajeno y ¿qué pasa? Que cuando llega alguien nuevo a la empresa, toda la empresa se reestructura. Y suelen aparecer resistencias al cambio, a la reestructuración de la empresa.

Es como el hermanito que llega a la familia. Llega un hermanito y ahora tienen que compartir el amor de los padres. Y, además, es que llega y no me sonríe como me sonríe mi compañero de hace 5 años, o no me dice la frase que me gusta o no se viene a tomar café, pero ¿qué te importa? Hace bien su trabajo, está desarrollando bien su actividad, el resto es superfluo. Pero lo mido porque no me sonríe, porque no se viene a tomar cañas, lo que sucede es que nos marca una diferencia. Reacciono frente a la diferencia. Eso es muy importante en los equipos. Tolerar las diferencias, porque las diferencias enriquecen al equipo de trabajo. Sin embargo, la tendencia es trabajar para la igualdad, cuando lo sano es aceptar las diferencias. Queremos igualdad, queremos cobrar todos lo mismo, queremos realizar el mismo tiempo de trabajo, queremos recibir el mismo tiempo del jefe, todos los días

10 minutos hablando con él. Y uno cae, automáticamente, te dice uno: "¿Has visto? con Joselito, el jefe pasa más tiempo que conmigo". Pero si, por el contrario, el jefe le dice: "Bueno, venga, te veo." Y cuando no puede atenderle le dedica un minuto, cree que de esa manera no va a haber celos, pues, a pesar de hacer ese esfuerzo, los celos van a seguir existiendo.

Hay que tratar a cada uno diferente. Y quizá hasta nombrarlos, ponerlos de manifiesto ¿estás celoso? Porque, si decimos la frase, puede ser que se diluya el sentimiento celoso. "Anda, tonto, si a ti te quiero igual, luego nos vemos". Y ya está. Eso hace que no pese, porque cuando las cosas no se dicen, no se hablan, no se ponen en una frase adecuada, pesan en el equipo, el equipo padece de eso. Se actúan. Sin embargo, si lo pones en una frase, en ese acto se descarga la tensión grupal. Era eso lo que pasaba.

No hace falta tener un jefe real, cuando uno es autónomo el jefe es uno mismo. Con los autónomos pasan muchas cosas. Es fastidiado porque uno es su jefe y tiene que respetarse. A veces, trabajamos más cuando es para otro que cuando es para nosotros mismos. Está el amor a uno mismo, pero también la agresión que uno se hace a sí mismo. Ambas tendencias son inconscientes.

La agresividad que surge frente al exterior, y que no volcamos en esa dirección, se vuelve hacia nosotros. Cuando yo no le digo la frase a esa persona que me ha fastidiado, al final termino o con dolor de cabeza, con dolor de estómago, etc. Son múltiples las formas que puede tomar la agresividad vuelta contra uno mismo, así que mejor decir la frase e iniciar una conversación. Son frases que, dichas en el momento justo, te pueden ahorrar el dolor de cabeza, el malestar.

Somos cuerpo y mente. La mente son las palabras, es el lenguaje el que nos hace tener mente, pero también nos hace tener cuerpo. El cuerpo y la mente están relacionados porque el cuerpo está hecho de palabras. Si no decimos la frase, la podemos padecer en el cuerpo. El cuerpo es pulsional. Yo tengo brazo porque lo nombro. Tampoco es casual que te duela cualquier parte del cuerpo, te duele una parte del cuerpo determinada. Que, si hablas, si llegamos a investigar, tiene un sentido que te duela esa parte del cuerpo en concreto, sea la cabeza, sea el estómago. Tiene un sentido. "¡Hoy vengo con dolor de estómago!", tenía una reunión y no digirió bien lo que pasó en esa reunión. Siempre está relacionado. "No puedo tragarme eso que me dijo": me duele la garganta. Eso está muy relacionado con cómo te expresas cuando estás con un cliente, con el equipo o con un colaborador, tú sabes que lo tienes que hacer, expresar eso, exponerlo, señalarlo. Nos cuesta señalar porque no nos gustaría que nos lo dijeran a nosotros. Pero, cuando recibimos una frase que nos pone un límite, decimos "madre mía, menos mal que me ha dicho esto, estaba a punto de enloquecer".

Si decidiéramos decirnos a nosotros las cosas, podríamos ir avanzando, y para eso está el psicoanálisis personal, contratas a un psicoanalista y cuentas con un espacio y lugar para hablar de estas cuestiones, para hablar de ti y de lo que sientes frente a una escucha profesional que te proporcionará autoconocimiento y autotransformación. Así seré capaz de tolerar que alguien diga algo que no me gusta, pero que me hace bien.

Pronunciar en voz alta las fantasías que tienes sobre las situaciones hace que las situaciones mejoren. El problema es no decir las cosas. Uno tiene que hablar, decir y, en la conversación, que pase lo que tenga que pasar. Claro, el problema es que si lo que quiero es que la conversación me lleve a un punto, a esa resolución concreta, a la que yo quiero, ahí no converso nada. Y, si caigo en una tendencia un poco sádica y lo que quiero es ir jorobando a los compañeros, diciéndoles frases que les van a hacer daño, también es mejor pagar a un psicoanalista, conversar con él y así voy a aprender a conversar con los demás.

¿Qué les pasa a nuestros políticos actuales, a las familias, a las parejas, a las personas en general? ¿Pueden hablar? No. No pueden comunicarse porque van cada uno con su idea de lo que quieren, entonces no pueden comunicarse, no pueden llegar a ningún acuerdo, no pueden producir algo nuevo. Porque si hablasen, llegarían a producir algo nuevo, diferente. No hablan para construir, sino que hablan para crear una imagen. Van a negociar con lo imaginario.

Liderar genera compromisos, por eso liderar es muy difícil. Gobernar es muy fácil. Ponen un monigote que cree que es el presidente del gobierno. Y es una marioneta manejada por todos. Los grupos de poder son los que manejan. El poder es poder si no es utilizado, si no quiero hacer una utilización del poder. Cuando el padre quiere ejercer un poder sobre los hijos, se le revelan los hijos. Ése es el liderazgo entonces: tienes poder, pero no lo ejerces. Tienes poder a condición de no ejercerlo. Te lo dan, es una atribución. Te autorizan, te ponen en esa función.

Los líderes conocen el proyecto, se guían por el proyecto, hacen partícipes a sus seguidores del mismo, han de contagiarles el deseo por el proyecto. Son los que más desean la función de liderar el proyecto.

Plantear cambios y aceptar los cambios que se van produciendo, porque a veces uno plantea cambios y no se da cuenta de los que ya se están produciendo en la realidad. Y es la realidad la que nos habla, la que nos va diciendo que ya se ha producido un cambio, que esa persona ya no dice las frases que decía antes. Porque a veces queremos mantener a otra persona en las frases que decía antes, cuando ya se ha producido una transformación. Mantenerle en las frases anteriores es como querer matarle. Le estás condenando.

Tener en cuenta el deseo del equipo, porque si no lo tienes en cuenta, por mucho cambio que plantees no obtendrás resultados. Es como el papá que se empeña: "Yo quiero que seas médico, hijo mío", y el niño no sólo le tiene miedo a la sangre, sino que no quiere estudiar, quiere trabajar. Bueno, pues dejémosle trabajar. Le puedo marcar el camino, pero no le puedo obligar. Ni siquiera marcar el camino, sino mostrarle las opciones y que elija. Hay caminos, este camino va por aquí, este va por aquí. Porque estudiar una carrera tampoco te asegura ser nada en la vida. Todo indica que estás más cerca de construir algo si estudias una carrera que si no la estudias, eso le podemos decir, pero no imponer, no obligar. Hay caminos, pero cada uno tiene que transitar el suyo. Hay caminos hechos, pero uno tiene que hacer el suyo.

Con los cambios pasa lo mismo, uno puede marcar el cambio, pero debemos aprender a tolerar el tiempo de los empleados, que eso es algo que no toleramos. Tanto con los clientes como con los empleados. No toleramos el tiempo que el otro necesita psíquicamente para producir ese cambio. Porque hay gente que va así y hay gente que va asá. Hay clientes que te llevan dos horas y hay clientes que te llevan diez años. Entonces, si yo tolero los diez años, no pierdo al cliente. Pero si no tolero los diez años, lo pierdo. Por ejemplo, un empresario del sector alimentario está realizando cambios en su empresa que sean cambios tolerables, cambios que mejoren al equipo, que innoven, pero en una cantidad que sea tolerable.

Las utopías son necesarias. Da Vinci se lanzaba con alas y después se fabricó el avión. Sin embargo, desde que Da Vinci lo planteó hasta que se produjo el primer avión pasaron siglos. Las utopías son necesarias, pero tener en cuenta los tiempos, también. Si quiero que sea todo ya, eyaculador precoz. Lo quiero ya. Quiero terminar esto ya, vamos, vamos, otro, otro. La eyaculación precoz no hace falta padecerla en el cuerpo, se observa en el trato, en la manera de relacionarse. Cuando se padece en los genitales, es un indicador de que la eyaculación precoz toca otras áreas de la vida de esa persona, su forma de gozar es esa.

Hay empresarios que dicen ser impacientes o bipolares, los

escuchamos decir: "No sé ni lo que soy", asegura. Y cuando dice esto último, está más cerca de la verdad. Lo que le pasa es que no sabe lo que es. Pero tenemos una tendencia a querer ser. No sólo tener razón sino también ser. Hay personas que les dan un diagnóstico de una enfermedad grave y se quedan tranquilos. Porque ya son algo. Dicen: "Ves ¡tenía razón! Yo sabía que me pasaba algo". El diagnóstico calma la angustia. Y en verdad no tenía ninguna enfermedad, la produjo para tener o para ser.

Además, somos múltiples. Podemos tener, no una ni dos personalidades, sino que podemos tener múltiples personalidades. Somos multipolares. Cuando dicen: es bipolar. ¿Y quién no? Partimos de la base de que somos sujetos psíquicos divididos en una parte consciente y una parte inconsciente. Y no solamente eso, sino que la parte consciente y la parte inconsciente no siempre están de acuerdo. ¿Quién no es bipolar? Estoy deseando quedar con María, llevo una semana entera esperando quedar con María, voy a cenar con ella y le digo "¿qué tal, Susana?".

Todo, en cantidades normales, está dentro de la normalidad psíquica. Cuando se exagera la cantidad de algo, aparece la patología. El trastorno bipolar, porque también es una patología, cuando se exagera se convierte en una enfermedad que genera mucho sufrimiento.

La psicosis, la neurosis de angustia, la hipocondría, la depresión, todas son exageraciones de mecanismos normales del aparato psíquico. Todos somos un poco psicóticos, un poco neuróticos, un poco perversos, es lo necesario. Todos son mecanismos necesarios, a veces uno tiene que utilizar un mecanismo psicótico", por ejemplo, cuando se pone a estudiar un examen tiene que hacer como que no existe la realidad y encerrarse para estudiar el examen. Pero después no es psicótico todo el día. Bueno, ni los psicóticos lo son las veinticuatro horas del día. Tienen alguna hora de lucidez. Son sujetos normales, no se ha roto nada en ellos. A veces, se piensa que son personas rotas, deterioradas. "Éste ya no tiene vuelta atrás, se le fue la pinza". La pinza se puede volver a poner. Depende del deseo de uno y del trabajo que esté dispuesto a hacer.

También uno tiene que aprender a utilizar los mecanismos, por supuesto. A mí me llevaban el coche con la grúa una vez, me puse histérica y el guardia me bajó el coche de la grúa. Uno tiene que saberlo, tanto los hombres como las mujeres tenemos armas que podemos utilizar: hacernos los hombres o hacernos las mujeres. Que a veces también la mujer dice "yo quiero conseguir las cosas por mi valía, no por ser guapa". Si eres guapa, ¿por qué no lo utilizas también? Tenemos que utilizar todos los recursos de los que disponemos.

Luego, hay utilizaciones y utilizaciones. Uno tiene el poder a condición de no utilizarlo. Es una atribución que te hace el equipo. Si tú quieres imponer, quieres dar órdenes, que las cosas sean como tú dices, el equipo te quita la atribución, te deja sin poder. No te hacen caso e incluso puede que hagan lo contrario a lo que tú dices.

Imagínate que tú eres el cirujano. Y viene una paciente y ella está empeñada en que le pongas una talla 90 de pecho y el cirujano está empeñado en ponerle una 95 porque le va a sentar mejor. Y le dice, "no te preocupes, que te pongo una 90". Y una vez anestesiada, porque él quiere, le pone una 95. Se queda sin clientes. Porque no puedes utilizar el poder. Tienes que escuchar al otro, ver lo que el otro quiere. Te parezca bien o no te parezca bien, aconsejarle en relación a tu conocimiento.

El poder, si no se ejerce, lo tienes. Si lo ejerces es una dictadura y el poder ejercido genera rebeldes. Y, aun así, no sé si se tiene, porque es siempre una atribución que te da el otro. Es siempre con el otro y te lo da el otro porque el poder es una atribución y no se consigue a base de sometimiento. El poder es con el trabajo, es en el hacer, en ejercer la posición que ocupas frente al saber en la empresa. Porque si no es algo dictatorial. Es decir, mi posición me otorga un poder que, si lo hago intervenir, le voy a fastidiar al otro, o le voy a obligar a hacer algo. Es como ese padre que dice, "tú haces esto así, porque vives en mi casa y aquí mando yo". Y entonces si uno quiere ejercer el poder que le da su posición es mentira que lo tiene. Se queda sin poder. Al final, esos chicos terminan faltando el respeto a los padres. Tanto ejercer el poder sobre ellos, que al final el chico, en cuanto tiene 18 años, se va. Esos padres piensan que tienen hijos, que los hijos se tienen. En el sentido de tener el poder. Y ¿se tienen a los hijos? No, los traes al mundo, pero son del mundo.

¿Y por qué no se habla? Yo mando significa: "No te voy a dar explicaciones de porqué". Pero no quiere decir que tú mandes, quiere decir que tienes otro motivo. No es porque te da la gana, le das una indicación a alguien y dices ¿por qué? Porque yo te lo digo, pero no quiere decir que sea porque tú quieras. Te dice el médico "cómete una manzana al día" ¿por qué? "No te voy a decir porqué, pero yo soy médico y lo he estudiado". Pero si te dicen por esto y por esto, es mucho mejor. Lo harás o no lo harás, pero ya sabes las consecuencias. Lo que nos encanta es manejar el poder, decir "aquí soy yo la que manda". En la pareja pasa muchísimo.

En la empresa, el jefe tiene una visión que los demás no tienen. Tiene la estrategia y la táctica y no todos tienen porqué entenderlo todo, porque no te puedes sentar con todo el equipo a explicarle todo. Pero cuando se lo tienes que explicar todo el tiempo es porque el otro no está en su función. O porque el jefe no está en función, o porque no le han hecho la atribución de jefe. Uno aprende de lo que ve. Si yo veo que mi jefe es un patán y todo lo que toca lo destruye, por mucho que me diga "haz esto", yo no lo voy a hacer, porque es un patán. Porque veo que es un patán. Pero si resulta que veo que mi jefe no hace más que cerrar negociaciones, abrir proyectos, es distinto. Un jefe que te dice "haz esto" viendo lo que está haciendo, tú lo haces automáticamente. Eso se ve en la familia, cuando el padre y la madre están todo el día bebiendo y les dicen a los hijos que no beban. Y los hijos dicen "pero qué me estás contando", porque lo que se transmite es el deseo. Si es una familia donde no bebe nadie y tú le dices "mira hijo, yo te recomiendo que no bebas por esto y lo otro" pues probablemente no beba o lo pruebe, o yo que sé, pero es otra manera. Claro que no puedes estar todo el día explicando el porqué, porque no tienes tiempo, en primer lugar. No se trata de explicar el porqué de todo, se trata de ocupar ciertas funciones, el jefe tiene una función y el empleado tiene otras. Cuando lo tienes que explicar es porque no está pasando de verdad. Igual si no se está haciendo es que no entienden bien para qué se está haciendo.

El psicoanálisis se pregunta no por los porqués sino por los "para qué". ¿Qué se consigue con eso? ¿Para qué no se toma el paciente la medicación que el médico le está diciendo que le va a curar su enfermedad? ¿Para seguir enfermo? Porque tiene algún deseo de no curarse, porque a lo mejor con la enfermedad tiene la baja. O le cuidan más, o tiene la mirada de todos. O el goce de la enfermedad. Puede ser una venganza contra su padre, contra su pareja, contra su madre, o un regalo, inconsciente, por supuesto. En el trabajo del psicoanálisis los deseos que son motor de la producción de la enfermedad, han de interpretarse.

En las parejas se ve mucho, soy capaz de llegar a enfermarme para vengarme. Hay muchos casos. Así que hay que cuidarse mucho, mucho, de la venganza. Y no hacer renunciar al otro a las cosas que lo hacen gozar, porque se venga. En el trabajo también, si haces renunciar al otro a sus deseos de crecimiento profesional, después, se va a vengar.

Hay jefes que no dejan crecer a los empleados y empleados que no dejan crecer a los jefes. Pero, en este caso la responsabilidad es del jefe, no el empleado. Porque el empleado no te tiene que dejar crecer. El jefe tiene el poder de progresar para que puedan seguir progresando sus empleados y de desear que sus empleados y el equipo crezcan.

Cada empleado merece un trato distinto y un salario distinto. Por ejemplo, el empresario de una empresa de mecánica dice que sus empleados le reclaman que los trate a todos por igual y cuando tiene algún detalle en el trato con algún empleado le dicen "conmigo no lo haces". Están en situación de celos por el amor de papá. Pero él sonríe porque piensa "me quieren todos".

En los equipos de trabajo hay celos por el cariño, por el amor, por la atención. No es que el jefe sea más amigo de uno que de otro. Pero hay preferencias, y eso genera celos. No que es que el jefe produzca esa situación, sino que, cada uno de los empleados, con su historia de deseos, va al trabajo y en la relación que tiene con el jefe expresa la relación inconsciente con su padre. Tienes que saber, porque eres el jefe, la función que ocupas. Tu escucha es fundamental para detectar cuestiones latentes en los empleados que sería conveniente para ti poder interpretar en un psicoanálisis de empresas para maximizar la eficacia del equipo.

Cuando un cliente se va, ¿quién es responsable? ¿El cliente o la empresa? Depende. Si ha habido alguna negligencia, porque puede haber negligencia, anticipación. Lo que decíamos antes, hay clientes que necesitan tres meses para llegar, pero yo quiero que firme ya, que compre ya. Si no le doy el tiempo, lo pierdo. A veces, es responsabilidad de la empresa y, a veces, es que los clientes no se identifican con la empresa, con el médico, con el vendedor. Podemos leer que puede ser la forma del cliente de hacer las cosas en su vida, hace eso con todo. Llega, va una primera vez y se va y no vuelve más. O hay uno que va una vez, después va dentro de dos meses, porque es su manera de aproximarse, va interrumpiendo, y vuelve. Y otro que va a todos los sitios haciendo creer que va a contratar el servicio o que va a comprar el producto, que lo va a hacer y después, no lo hace. Justo cuando tiene que firmar, no aparece.

Por ejemplo, las decisiones que tienen que tomar los clientes de una empresa de activos inmobiliarios tienen que ver con comprar y vender activos. Son decisiones que les cambia su vida a nivel económico. Sus agentes saben que cada cliente tiene un tiempo, que hay un tiempo de resolver las cosas. A un cliente lo dejas marchar, le das espacio y al cabo de unos meses o de unos años, mantienes el contacto, haces un seguimiento hasta que llega un momento que te das cuenta que el proceso no tiene que ver con la compra o la venta que hacen, sino con los cambios que esa compra o esa venta va a suponer en su vida. Una mejora empresarial también es un gran cambio. La adquisición de un conocimiento es un cambio que, o eres humilde, o no hay manera de soportarlo. En la formación pasa mucho. Cualquier concepto nuevo que entre en el aparato psíquico es un cambio.

Hay que tener en cuenta que lo que más nos cuesta a los seres humanos es tolerar el éxito, cambiar a mejor. Eso es lo que más nos cuesta. Por ejemplo, ella va a arreglarse la dentadura como lleva deseando desde los 16 años y tiene 40. Este cambio a mejor es más difícil que cambiar a peor, fracasar, caer. Se arregla la dentadura y ¿sabes lo que pasa? que hay gente que se deprime, después de que te quedó perfecta la sonrisa, se deprime. ¿Y ahora qué? Porque igual cree que le va a cambiar toda su vida. Creen que con ese movimiento o con la compra les va a cambiar también la relación con su pareja y no cambia, sino que para eso tienen que hacer un trabajo más. Pues entonces ahí está el desengaño. Hizo un movimiento con la expectativa de solucionar toda su vida y cambió su dentadura que cambió su sonrisa y esto puede contribuir a otros cambios en su vida, pero para eso tiene que hacer un trabajo adicional. Hay gente que tiene hijos para mejorar su relación de pareja. Tienen hijos para solucionar sus problemas de pareja, cuando los problemas de pareja se resuelven con psicoterapia, no teniendo hijos.

¿Por qué nos cuesta más tolerar el éxito? Porque tenemos que mantenernos en el éxito y el éxito requiere nuevas responsabilidades y un trabajo nuevo. Fracasar o enfermarse conlleva un trabajo, no os vayáis a creer que no es un gran trabajo mantener la enfermedad, pero la diferencia es que el éxito requiere un trabajo nuevo, hay más personas implicadas, hay que transformarse para mantenerlo. Y, además, la gente me empieza a querer de otra manera. Ya no me quieren por mis ojos bonitos, como me decía mamá "hija mía, es que tú eres la más bonita", ¡ahora me quieren por lo que hago! Hasta por mi dinero me quieren.

No nos damos cuenta, pero podemos sentir envidia hasta de nosotros mismos. No mejoramos, no desarrollamos nuestra capacidad porque nos envidiamos, cómo van a empezar a quererme por mi profesión en vez de por mis ojos bonitos como me decía mi mamá. Quiero que me quieran por quien soy, no por lo que hago, pero lo habitual es al revés, queremos al otro por lo que hace. Mucha gente lo dice, "yo quiero que me quieran por cómo soy, por quién soy" pero, en realidad, no somos de ninguna manera. No hay esencia. Somos en lo social, no somos hasta que no hablamos, somos lo que hacemos y lo que producimos en la realidad.

Por ejemplo, eres actriz y notas que hay un montón de amigos que te quieren, que te adoran, dejas de ser actriz o de ser actriz famosa, y desaparecen esos amigos. Entonces ahí ves que no te quieren por lo que eres, que te quieren por lo que haces. Muchas veces, con la jubilación pasa que uno pierde esa posición en lo social y se termina su vida. Porque ha perdido todas las relaciones, lo que era su vida ahí en esa posición. Por eso, frente a la jubilación es muy importante hacer un trabajo para sustituir, porque si no, te mueres. Si tienes proyecto, una vez que te jubilas, es más fácil. Hay que ir proyectando y construyendo tu proyecto de vida.

Pero cuidado si eres de los que dices, "cuando me jubile, voy a hacer esto o lo otro", y esperas a la jubilación para hacer todo lo que no haces ahora, tampoco lo vas a hacer cuando te jubiles. Ésas son ilusiones. Es como el que dice "cuando tenga dinero voy a hacer tal cosa". Si no las haces cuando no tienes dinero, tampoco la vas a hacer cuando tengas dinero. Son excusas.

Os estamos diciendo que no querer, no significa "nos falta deseo". No, no nos falta. El deseo nos sobra, el deseo es permanente hasta que te mueres. Termina el deseo y te mueres. Te condiciona, el deseo es inconsciente y sabemos de él por sus efectos. Al analizarse se puede ver, interpretar, de qué tienes deseo. Hay deseos a favor y deseos en contra de eso que dices desear. Puedes desear no conseguir eso. "Tengo deseo de estropearme la vida". Pues venga, hay que dejarle. Uno no puede ayudar a nadie. Sólo se puede ayudar a quien se quiere dejar ayudar. Es decir, que no soy yo el que le ayuda, es él el que toma mi ayuda para ayudarse. Tolerar las diferencias es importantísimo, porque todas las vidas son vidas posibles. Y hay que respetarlas. No todas las vidas producen lo mismo. A veces, por querer ayudar a alguien, lo empeoras. Sigue machacándose más hasta que lo rompe todo. Hay gente que termina matándote si la quieres ayudar. Porque que le ayudes le da culpa. Esto es muy peligroso, a veces ayudas a la gente y te devuelve... caca. Te trata peor. Hay una frase de Nietzsche que dice "prueba a ayudar a alguien necesitado, verás cómo al tiempo empiezas a odiar esa sonrisa radiante".

No somos agradecidos. Cuando yo recibo la ayuda de alguien, o estoy muy bien posicionado psíquicamente o le voy a odiar. Ser agradecidos no es decir "gracias". Es transformar tu vida. Te están ayudando y la manera de agradecerlo es aprovechar esa ayuda, transformar tu vida con ella. Si no, no hay agradecimiento.

Hay gente que recibe la ayuda como una ofensa, "¡Ay este me ha ayudado! ¡A mí!" Esto tiene que ver con el narcisismo "yo puedo solo", "no necesito que nadie me ayude". Otras personas, es por sentimiento de culpa que no pueden soportar ninguna ayuda. Hay personas que te dicen "con lo que yo le he ayudado y mira cómo me odia esta persona ahora". Incluso una persona que pide ayuda, se va a cruzar varias veces en su camino esa idea de "yo puedo solo", "me da asco que otro me ayude". Incluso pidiendo ayuda, porque son cuestiones inconscientes que hay que interpretarlas. También en la empresa. Son cosas complejas de detectar. "Desde que trabajo aquí me ha cambiado la vida". A ver si lo toleras. Espero que sigas trabajando. Espero que no me odies. Cuando te dicen esa frase le dices, "espero que no me odies", y ahí empieza a pensar "pues lo estaba empezando a hacer, gracias por decírmelo", nunca lo va a decir, pero lo piensa.

Somos así. Contradictorios. Así que lo que podemos hacer es ayudarnos a nosotros mismos. Cuidar nuestra salud mental cuando uno tiene un negocio porque nuestra salud mental es nuestra carta de presentación. Nos presentamos con nuestras frases. El lenguaje siempre nos antecede. Nuestra imagen y nuestro lenguaje son muy importantes. Con los mayores, con los iguales, con los menores, hay que cuidar nuestra salud mental y laboral. Sin salidas de tono. Sin agresividad. Aunque luego vaya al psicoanalista y me líe a gritos, pero eso al otro no se lo puedo decir.

SALUD LABORAL

"Triunfar no significa triunfar sobre nada, significa permanecer".
Miguel Oscar Menassa.

"Cuando falta una vocación especial que imponga una orientación imperativa a los intereses vitales, el simple trabajo de los oficios manuales, accesible a todo el mundo, puede desempeñar la función que tan sabiamente aconseja Voltaire. Es imposible considerar adecuadamente en una exposición concisa la importancia del trabajo en la economía libidinal. Ninguna otra técnica de orientación vital liga al individuo tan fuertemente a la realidad como la acentuación del trabajo, que por lo menos lo incorpora sólidamente a una parte de la realidad, a la comunidad humana. La posibilidad de desplazar al trabajo y a las relaciones humanas con él vinculadas una parte muy considerable de los componentes narcisistas, agresivos y aun eróticos de la libido, confiere a aquellas actividades un valor que nada cede en importancia al que tienen como condiciones imprescindibles para mantener y justificar la existencia social. La actividad profesional ofrece particular satisfacción cuando ha sido libremente elegida, es decir, cuando permite utilizar, mediante la sublimación, inclinaciones preexistentes y tendencias instintuales evolucionadas o constitucionalmente reforzadas. No obstante, el trabajo es menos preciado por el hombre como camino a la felicidad. No se precipita a él como a otras fuentes de goce. La inmensa mayoría de los seres sólo trabaja bajo el imperio de la necesidad y de esta natural aversión humana al trabajo se derivan los más dificultosos problemas sociales".

Nota de Sigmund Freud en "El Malestar en la cultura".

Es una complejidad. La sociedad te imprime la idea de que trabajar cansa, de que te explotan, de que te maltratan, que en muchos casos puede ser así, pero socialmente se cree eso sobre el trabajo y lo que nos viene a decir Freud es que trabajar es la única o la mejor forma de satisfacción y de goce personal y de estar ligado a la realidad, de participar en la comunidad humana. No es posible el sujeto psíquico sin ser un sujeto social. No podemos excluir al individuo de lo social porque no sería un ser humano.

El doctor Miguel Oscar Menassa dice que no se puede hablar de sujeto psíquico si no es sujeto social. Es cuando uno llega a lo social que se constituye como sujeto psíquico. ¿Por qué decimos eso? Porque un sujeto aislado no existe. Un sujeto solo no existe. No hay posibilidad de un sujeto solo. Aunque pienses: yo me paso el día solo, encerrado en mi casa, sin hacer nada. Mentira porque esa casa fue construida por otros seres humanos, producto de un trabajo. La televisión que pongo está producida por muchos trabajadores, la luz eléctrica, el agua. Ha sido producto del trabajo de muchísimas personas. Solo es imposible. Solo sería caer en una isla desierta donde no hay nada... pero es ilusorio porque no hay nada que le gustaría más al ser humano que poder solo. Justo lo que no puede porque no hay nada en soledad. Es también una fantasía infantil "yo puedo solo", se llama omnipotencia de las ideas y está muy cerca de la locura el querer poder solo.

Solo es con mi mamá. Es en esa unión narcisista con la madre que el niño magnifica el poder de ésta en un primer momento. El cachorro humano depende de esa función, no de la madre biológica, porque a veces no es la madre física la que realiza la función, sino de esa persona que ocupa la función madre que le da todo sin necesidad de hacer nada: llora y le da de comer, llora y le limpian el pañal, no tiene que pedir nada. Recibe, recibe, recibe, recibe. Y esa posición del bebé, del ser humano que se está constituyendo en esa primera fase, hay muchas personas adultas que la mantienen. Y esto pasa también en el ámbito laboral. Hay gente que no puede mantener un trabajo, que no puede construir en su vida una historia, un camino profesional, porque quiere hacerlo solo o porque lo que quiere es que le den. Está todo el día en posición demandante y justamente el trabajo requiere de una acción por parte del sujeto. Tengo que desearlo, tengo que producirlo, tengo que al menos someterme a alguna ley.

Como seres humanos hemos tenido que producirnos. El proceso de constitución de nuestro psiquismo para pasar de ser unos niños a ser adultos que trabajan, que salen al campo de lo social, al campo humano, para realizar una acción que sea útil para la comunidad, es un acto de amor, porque otros seres humanos se benefician de mi trabajo, incluso personas que yo no conozco. Este es un proceso de humanización que tiene que hacer cada trabajador, cada empresario, cada directivo en su proceso de constitución psíquica.

Pero la posición demandante de cuando éramos niños no desaparece en nosotros. Seguimos teniendo en una parte de nuestra personalidad inconsciente esos residuos de la infancia, de querer que nos den, porque cuando éramos pequeños necesitábamos de eso para vivir, pero a medida que uno crece, tiene que trabajar para que otros que vienen después de uno puedan recibir.

Lo normal sería que todo eso que he recibido, porque he llegado a un mundo ya construido, he llegado a una familia que me ha permitido aprender, desarrollarme con salud, todo eso que yo recibo de otros con un amor incondicional tengo que entregarlo, pero no a quien me lo dio, sino a otros. Y eso se hace por medio del trabajo fundamentalmente, de la creación, de la constitución de una nueva familia también, pero el trabajo es lo que procura más satisfacción. Porque es producto de tus manos, de tus instintos, es una vía para sublimar, canalizar las pulsiones parciales infantiles, las tendencias agresivas, hostiles, los deseos, la seducción.

Por ejemplo, a veces se dice de alguien es un ejecutivo agresivo, pero es que ciertas cuotas de agresividad bien canalizadas en lo profesional pueden llevar a un crecimiento. Es una vía de sublimación el trabajo, para todos esos instintos humanos o pulsiones que, cuando no existe la vía del trabajo, están puestos en la enfermedad, en el síntoma, en el fracaso, pero cuando se ponen en la vía del trabajo obtienen un efecto en la realidad material social. Una productividad de la que se benefician tanto el trabajador como otros hombres. Y eso es una vía de satisfacción personal enorme para el ser humano.

El trabajo es la vía para hallar la felicidad, sólo se puede hallar la felicidad en el camino del trabajo, y también la salud propia es resultado de un trabajo.

Hablamos del trabajo remunerado porque estamos hablando de la salud laboral, pero hay un trabajo absolutamente en todo lo que hacemos, hasta en el ocio. El ocio es un tiempo de trabajo, que hay que trabajar para construir un ocio productivo porque a veces construimos ocios que son destructivos. Nosotras, que somos psicoanalistas, nos damos cuenta de que después de los periodos vacacionales, de los puentes largos, etc., hay más afluencia de pacientes a la consulta por ese encuentro familiar improductivo que se produce en el tiempo de ocio.

Incluso la enfermedad es producto de un trabajo; parece que la enfermedad surge sola, que se produjo de un día para otro, pero no. Hubo un trabajo previo en la manera de hacer, de concebir la realidad, de entender las cosas, cómo uno se trata a sí mismo, cómo trata a los demás, etc. Eso ha hecho que poco a poco se vaya produciendo en uno un síntoma cualquiera o una enfermedad.

La enfermedad también es producto de un trabajo. Por eso recomendamos cuidarse, hablar, cuidar sus relaciones, cuidar su puesto de trabajo, para producir algo saludable.

La diferencia entre la salud y la enfermedad es una diferencia de cantidad. De cantidad puesta en el trabajo. Todo es con medida en el ser humano, cualquier exceso en el ser humano, ya sea muy bueno o muy malo, puede enfermar. Por ejemplo, la comida que es algo bueno, algo saludable para uno, para sobrevivir para poder mantenerse, si comes en exceso te vas a procurar un problema, vas a engordar, o te vas a provocar una enfermedad cardíaca, porque la gordura disminuye diez años la esperanza de vida.

Todo es un trabajo y el trabajo está socialmente mal visto. Hay una cuestión religiosa en este hecho de que esté mal visto el trabajo, porque para Adán trabajar fue un castigo. Cuando se les expulsa a Adán y a Eva del Paraíso, se les dice "tendrás que trabajar con el sudor de tu frente". Todo eso está en nosotros, parece que no, pero nada desaparece en nosotros. Nada se pierde en el ser humano, todo se va a ir transformando. Esa historia está en todos nosotros, queramos o no. Todas las fases del pensamiento por las que ha pasado el ser humano a lo largo de la civilización humana están en cada humano. Porque en nuestro proceso de constitución psíquica hemos reproducido el proceso de la civilización de la humanidad. También hemos construido una religiosidad en nosotros. Aunque después estudiemos una ciencia y nos incorporemos al mundo laboral, no deja de existir en nosotros esa religiosidad, esa ideología y esos prejuicios acerca del trabajo. Que es un castigo, que es algo malo. Y nosotras lo que queremos señalar es que el trabajo es la vía para hallar la felicidad y la salud. Es decir, que esa repulsa, ese rechazo al trabajo, solamente eso, puede llevarte a enfermar o a trabajar insalubremente.

Dentro de este trabajo, que es el camino para encontrar la felicidad, lo que se produce es un encuentro con otro ser humano. ¡Madre mía! Eso que parece que lo hacemos cotidianamente es lo que provoca en cada uno de nosotros cierta agresividad. Porque, que se plante delante de ti un ser humano que siempre va a ser distinto de ti y que siempre te va a aportar una diferencia, genera cierta alergia, cierta reacción antígeno anticuerpo. Es como, ¿qué me vienes a mostrar? Te veo y digo "es un hombre y yo una mujer. Somos diferentes". Y esa diferencia, que es radical en nosotros, que es biológica, me trae una disconformidad, una insatisfacción. Ella es rubia y yo morena y eso me produce una reacción. O simplemente ella dice una palabra que yo no habría dicho, eso nos contraría.

Cuando pasamos en nuestra constitución psíquica de niños a adultos, pasamos de ser únicos en el mundo a ser uno más en el mundo, uno más en el trabajo. Porque para la mamá soy único, pero la entrada al mundo laboral lo que muestra es que de único nada. Que no soy tan bonito, ni tan lindo, ni tan guapo, ni el mejor, ni tan fenomenal como decía mi mamá. Llega el jefe y me dice "así no es", ¿cómo que así no es? Mi mamá me dijo siempre que era así. Eso es lo que pasa sin darse cuenta, inconscientemente. Eso provoca cierto malestar contra el jefe. Me viene a contrariar, me viene a contradecir lo que yo creía de mí.

Ése también es un impedimento a la hora de trabajar: el exceso de narcisismo. Cuando yo tengo una idea de mí que quiero imponer y sé cómo hacer las cosas y creo que desde que yo estoy en la empresa todo funciona mejor y todo está más organizado. Eso está en casi todos los trabajadores porque el narcisismo también es importante para el progreso laboral, pero la cuestión es en qué cantidad porque un exceso o un defecto pueden ser impedimentos a la hora de conseguir un trabajo, mantenerse en un trabajo y progresar en un trabajo, que son diferentes cosas.

Estamos hablando de procesos inconscientes, es decir, procesos psíquicos que pasan en nosotros sin que podamos dar cuenta de ellos, porque en nuestra mente conviven diferentes tiempos de nuestra vida. Por ejemplo, estamos mencionando el narcisismo infantil que no ha desaparecido en nosotros y vamos al trabajo con él. Pero también emociones como la tristeza, la angustia, la ansiedad, los celos, la envidia, el deseo sexual no aceptado, el amor, el odio, el sentimiento de culpa, la hostilidad de diferentes épocas y con relación a diferentes tiempos y personas que se reflejan en nuestras relaciones laborales.

Cuando tengo compañeros y cuando estoy compitiendo con los compañeros para que el jefe me reconozca más que a ellos, estoy en una situación familiar, porque es en competición con los hermanos, para conseguir el amor de papá y de mamá. Siempre es una cuestión psíquica infantil la que interrumpe la labor en el trabajo, la tarea. Y que es infantil no es que sea una cosa del pasado es que llevamos esa infancia con nosotros. Se trata de una infancia actual que no nos abandona.

Por ejemplo, a un trabajador le puede decir el jefe "eso no lo puedes hacer, o no lo puedes hacer así" y tener el trabajador una explosión de ira como cuando tenía cinco años y su papá le dijo por primera vez "No hijo, eso no se puede hacer". Tiene esa misma reacción en el trabajo, como un niño. Y esa personalidad infantil es la que interrumpe las relaciones de trabajo, la que frena los ascensos laborales, la que impide conseguir los objetivos a fin de mes. Siempre hay contradicción en uno entre lo que dice querer y sus deseos infantiles inconscientes. Hay dos fuerzas luchando en cada uno de nosotros.

Nosotros no sabemos nada del inconsciente hasta que no se produce en el acto. Me encuentro en una situación de competencia con el compañero. En ese momento, si voy al psicoanalista y me pongo a hablar, sólo entonces, puedo descubrir que es una rivalidad con el hermano la que se está reflejando en esa situación. No es que yo voy con la rivalidad puesta con mi hermano y me pasa esa escena en el trabajo y ya sé qué me va a pasar. Porque no hay nada dado en el ser humano.

Muchas veces encontramos situaciones en las que ha habido una cadena de desastres laborales en una persona y creemos que ya está condicionado a fracasar. Esto es muy importante, porque siempre vamos a depender de lo que yo haga a partir de ahora, eso es lo que va a condicionar mi futuro y mi presente. No el pasado. El pasado, para el ser humano, ya pasó. No se puede olvidar, no se puede borrar, no se puede hacer nada con él, ya pasó. Tengo que empezar a construir a partir de ahora frases que me van a llevar a nuevos actos y que me van a provocar una vida distinta. Y que incluso van a transformar mi pasado. Ése es el trabajo que nosotras conseguimos con los tratamientos psicoanalíticos.

En el fútbol se ve muy bien, es el siguiente partido siempre. Este partido ya se ha acabado pero el siguiente partido es el que va a determinar nuestra clasificación, en la Champions League o en cualquier otra competición. Pues en la vida es lo mismo, no es lo que acaba de pasar, es lo siguiente que yo hago, la siguiente acción laboral, la siguiente venta, el siguiente producto. Este cliente no fue, no importa, voy al siguiente; no fue ahora y ya está, lo dejo ahí, a lo mejor dentro de un tiempo aparece de nuevo.

Es fundamental tolerar la incertidumbre de no saber lo que va a pasar, te hace vivir y trabajar mucho mejor, porque vives y trabajas sin angustia, sin apresuramiento, sin esa idea de adivinación o anticipación del futuro, que es imposible porque el futuro llega ya, pero no se puede anticipar, puedo trazar un camino, una dirección, ir hacia un lugar, pero no lo puedo adivinar. No se puede prevenir nada. Las técnicas de prevención y anticipación no sirven de nada. Yo tengo que aceptar la incertidumbre de que no sé lo que va a pasar y, cuanto más lo acepte, mejor voy a vivir. En el trabajo también, porque me voy a ocupar del ahora, del trabajo que tengo que hacer ahora.

En cuanto a la gestión emocional, una de las emociones que más nos afecta a los trabajadores, generalizada por excelencia, es la ansiedad, el estrés, la angustia. Cuando se hace síntoma, cuando uno vive angustiado, con ansiedad, es un problema que precisamente surge cuando no se tolera la incertidumbre de lo que va a pasar y hay una anticipación para acabar con la incertidumbre. El ansioso, llena ese agujero que queda de la incertidumbre con ansiedad, ahora ya no se preocupa de lo que va a pasar y no sabe, ahora le preocupa su ansiedad, su malestar, su angustia, sus palpitaciones, sus ahogos, que son un impedimento para ir a la realidad, porque cuando entro en ese estado es como si me empequeñeciera frente a la realidad inmensa. Se trata de aprender a esperar. Tenemos que aprender a esperar. Y la espera es activa, no es una espera de quedarse de brazos cruzados, es haciendo. Es una espera con trabajo, ésa es la productiva.

La angustia acontece en todos, cada vez que nos enfrentamos a algo nuevo, a algo distinto, algo de angustia es necesaria porque impulsa a la acción. El problema es cuando por su cantidad la angustia se hace síntoma o cuando por su insistencia llega a lesionar un órgano del cuerpo. Esta ansiedad tiene mucho que ver con una situación que, nos guste o no, es vital, y es que algún día nos vamos a morir. Cuando estamos en esa situación muy ansiosa, uno de los miedos que aparece es el miedo a la muerte, porque es lo que tememos. Se provoca frente a esa incertidumbre de no saber cómo, cuándo, dónde, con quién va a acontecer ese momento. Esto pasa sin darse cuenta, la persona con ansiedad, la persona angustiada, no sabe que es por eso, es algo inconsciente. Como que no quiere ver los finales, pero al mismo tiempo se está anticipando. En el síntoma hay un apresuramiento y un castigo.

Para gestionar la ansiedad, entonces, hay que ocuparnos del trabajo, tolerar la incertidumbre, no dejar de trabajar, porque las cosas llegan si uno está en el camino del trabajo "la inspiración, que me encuentre trabajando", dicen los escritores. Si uno está en el camino del trabajo va a venir la consecución de objetivos, el éxito y las recompensas. Pero estando en el camino del trabajo, si uno se para, no llega nada. Lo decimos hasta con el azar "no me ha tocado la lotería", pero, ¿juegas? Ése es el trabajo de entrar en el azar, en el juego. Si no vas y compras el boleto, es imposible que te toque.

En todo hay un trabajo. Hay un trabajo también para salir de uno mismo, que es el que verdaderamente nos va a acercar al mundo, al trabajo, a los amores. Y ése es el conflicto más grande que tenemos las personas, salir de uno mismo, porque cuando salimos de nosotros mismos, hay ley, ya no puede hacer uno lo que quiere, y hay representantes de esa ley, que en el trabajo son los jefes, las figuras de autoridad. Respetar una ley humana que está establecida en la empresa.

Encontramos muchas personas que, con las figuras de autoridad, siempre chocan o que van perdiendo los trabajos, acaban discutiendo con los jefes, dicen "siempre me trata mal el jefe", "siempre abusa de mí", "nunca me reconoce". Esto tiene que ver con las figuras de autoridad que, a la vez, se remite a ese infantilismo del que hablábamos en relación con el padre, porque el padre representaba la primera figura de autoridad para esa persona en su infancia. Es la relación que cada uno tiene con la Ley, la relación que cada uno tiene con las figuras que representan esa Ley. Ése es uno de los conflictos que encontramos a menudo en los trabajadores con las empresas, y que dificultan construir una posición saludable.

Hay otras tendencias que son más sofisticadas en cada uno de nosotros, que llevadas al exceso nos pueden causar daños. Por ejemplo, las tendencias sádicas o masoquistas que están en todos nosotros. Y en el trabajo se da mucho. Que te toque un jefe sádico, porque el sádico te va a llevar al extremo siempre, pero no hay sádico sin masoquista. Entonces uno cae en la situación de "sí, yo lo hago, yo puedo con todo", y entonces me sobrecargo; al final termino dañando el propio trabajo, porque eso es lo que va a impedir seguir trabajando en la empresa.

También hay trabajadores que tienen una voracidad máxima, lo que tiene que ver con el narcisismo de no querer delegar, de no querer compartir, lo quieren hacer todo, se saturan, se llenan de horas de trabajo, destruyen la familia porque llegan tardísimo a casa, todo en contra de sí mismos, porque el trabajo es la fuente de supervivencia de un trabajador. De este modo, cuando actúa en contra del trabajo, está actuando en contra de sí mismo. Y ésta es una de las tendencias masoquistas que, aunque parezca mentira, existen en uno.

Todos tenemos tendencias sádicas, de hacer daño y hacer sufrir a los otros, y también masoquistas, de hacernos sufrir a nosotros. Cuando entro en ese padecimiento y en ese compadecimiento de mí mismo, estoy en esa tendencia masoquista. Y como la diferencia entre lo saludable y lo patológico es una cuestión de cantidad, el narcisismo, los celos, etc. si son ratitos, se consideran normales. Y en relación a cuanto más tiempo lo mantengo en mí, más grave estoy. Es una cuestión de cantidad, la enfermedad. Mecanismos psíquicos normales, si se acentúa su uso, si se prolongan en el tiempo, si se hacen muy intensos, acabas siendo un sádico, un maltratador de tus compañeros, de los clientes. O acabas siendo un masoquista, actuando en contra de ti mismo, haciéndote mal a ti, a tu trabajo y al mismo tiempo a tu equipo de trabajo, a tu empresa.

Los límites son muy importantes y tienen que ver con esa ley paterna que viene a organizar la relación con la mamá, que es una relación voraz, tanto por parte del niño como por parte de la madre. El padre viene a decir "separaos un poquito, que ésta es mi mujer y tú tienes que irte al mundo a construir tu vida, a elegir otras mujeres. Ésta es la mía, tú renuncia a ella, que así vas a poder optar a todas". Pero hay veces que no queremos renunciar a la madre. Cualquier otra mujer: "es que no me hace la tortilla de patata como mi mamá", "como mi mamá ninguna", "nadie me quiere como mi madre", "nadie me dice lo lindo que soy o lo linda que soy". Y eso es un sufrimiento, es un padecimiento de por vida.

Un ser humano no puede ser aislado, tiene que ser un ser social. Cuando quiero caer en ese aislamiento, caigo en la enfermedad, en la enfermedad mental grave, porque es como volver a los brazos de esa mamá que te lo daba todo cuando para ti no existían los demás.

Otra de las emociones que nos afecta mucho en el trabajo es la tristeza. La tristeza en exceso le saca al trabajador del trabajo, de la actividad que está realizando, aunque uno no sepa bien porqué está triste. La tristeza tiene que ver con una pérdida, que puede ser real o simbólica (un ideal, una utopía). Por ejemplo, yo esperaba que me trataran diferente, yo esperaba que fuera diferente en esta empresa. Uno siempre espera, esa anticipación, esa idealización de las cosas.

Cuanto más idealizo, más me voy a perjudicar, porque la idealización no tiene que ver con la realidad, tiene que ver con mi realidad psíquica. Y eso es una diferenciación importante. Tengo que aprender a distinguir entre lo que yo pienso de la realidad y la realidad, entre lo que yo imagino de la realidad y la realidad. Son cosas totalmente distintas. Que podemos hablar de dos realidades, la realidad psíquica o mental que hay una por cada ser humano, y la realidad material, que es la misma para todos. Este libro es una realidad material pero lo que está leyendo cada uno de lo que estamos diciendo en él es una realidad distinta. Y tiene que ver con cada uno, con su historia de deseos, con su camino, con su aprendizaje, con su ideología. Todo eso va a condicionar lo que puede leer de este libro. Es decir, la realidad es del color de los ojos con que uno mira.

Si estoy triste, lo veo todo gris, lo veo todo mal, la empresa va a quebrar, esto va fatal. Que estoy angustiado, lo quiero ver todo terminado ya, terminamos las tareas apresuradamente sin dedicarles el trabajo que requieren, porque lo importante es terminar. Contagio esa angustia y esa ansiedad a los clientes y los clientes sospechan, se preguntan por qué les quiero vender tan rápido el producto o servicio y entonces no compran.

En estos casos, no es que no haya goce, sino que el goce es sádico, masoquista. En todo lo que hacemos los humanos hay goce, si no se goza con el trabajo y la producción, se goza de otra cosa, de la producción de un síntoma, de la producción de la angustia, de la tristeza, es como si uno estuviera dentro de sí mismo gozando con su síntoma, que es una realización sustitutiva de un deseo inapropiado.

Los trabajos en salud laboral ayudan a salir de uno y a ponerse en el camino del trabajo y de la transformación de la realidad material y en el goce con el trabajo. Porque en esa situación en la que no soy seleccionado para un trabajo, no consigo trabajo duradero, etc., también encuentro un goce. Caigo en la queja, el malestar, en un pensamiento de me lo tienen que dar, o de "no soy capaz". ¿Cómo no vas a ser capaz? A lo mejor no eres capaz de ser ingeniero porque no has estudiado una ingeniería, pero depende de tu ambición. Todo eso está en juego porque tú dices que no eres capaz, pero ¿qué quieres conseguir? ¿dónde está tu ambición?

Vamos a nivelar las cosas, si tienes mucha ambición y poca capacidad de trabajo, te vas a enfermar. Así que la ambición hay que adaptarla o nivelarla a la capacidad de trabajo de cada uno. Hay una tendencia psíquica del aparato que es la del principio del placer: reducir la tensión al mínimo, para que nos cuesten el menor esfuerzo posible las cosas. Queremos estar tranquilos. Pero hay que incluir el principio de realidad y eso produce salud y mayor satisfacción personal y profesional.

IMPEDIMENTOS AL PROGRESO PERSONAL Y PROFESIONAL

"Fracasar se puede siempre".
Miguel Oscar Menassa.

"Hay algo del éxito que no se digiere bien. En el éxito está el fracaso de haber ya vivido, que no se digiere bien".
Miguel Oscar Menassa.

Quizás lo primero que deberíamos cuestionarnos es que el progreso no es algo que viene de fuera. No es algo que tiene que venir a tocarme e incentivarme, sino que el progreso es algo que tiene que partir de uno mismo. Es decir, que los impedimentos siempre van a ser de uno, no del progreso.

Hay gente que pone muchas excusas, "no tengo tiempo", "no tengo dinero para hacer este master", "no tengo energía", "no tengo ganas", "no tengo". Y esto también hay que matizarlo, porque por suerte o por desgracia son muchas las mujeres que caen en esa posición de "no tengo".

Esto vamos a desarrollarlo durante todo el capítulo, porque tiene que ver con algo de la propia estructura humana. Esa carencia constante, ese "quiero y no puedo", ese "no quiero", tiene que ver con algo muy particular que nos pasa a todos los seres humanos y que quizá deberíamos destacar en la mujer, porque es más fácil caer en esa cuestión de la falta en una posición femenina, sea un hombre o una mujer el que se coloque en posición femenina. A lo largo del capítulo vamos a ver qué es lo que nos falta a todos.

Seguro que usted está pensando ¿qué es lo que nos falta que nos impide desarrollarnos como seres humanos plenos, completos? Hay que aceptar una especie de incompletud para poder desarrollarnos de forma completa, o cuasi completa, completa para uno, dentro de sus posibilidades, no con un estereotipo de completud, que eso es otra cosa, porque la sociedad te impone un modelo o un desarrollo concreto que muchas veces es inalcanzable o exagerado o ilusorio. Una cosa son las utopías, hay que tener utopías que te ayudan a crecer. Y otra cosa son las ilusiones que a veces impiden el crecimiento.

Cuando una persona se pasa el día en pleno onanismo mental, lo que vulgarmente se conoce como hacerse pajas mentales, no puede conseguir nada. Si estoy todo el día fantaseando que hago, pero no hago, no voy a conseguir nada en la realidad, o poco. Y esto es más frecuente de lo que se cree. Todo el mundo tiene fantasías o ilusiones, pero en cierta cantidad. Que te pase un poquito entra dentro de lo normal, pero si se exagera la cantidad, si estás todo el día imaginarizando, fantaseando, se convierte en algo patológico. Porque fantasear impide hacer, impide salir al mundo, impide actuar en la realidad. Te impide la acción. Te frena porque la realidad psíquica es diferente a la realidad real. Y en el caso de la fantasía, toda la energía está actuando, pero en la realidad psíquica. En la realidad psíquica uno puede vivir como si hubiese conseguido algo, como si hubiese realizado una acción, cuando en la realidad material real no ha hecho nada, no ha realizado ninguna acción. Pero, como en su realidad psíquica lo ha fantaseado, vive como si lo hubiera hecho.

Esto nos pasa con los proyectos, con las relaciones, con los amigos, con la familia. Yo imaginariamente desarrollo una historia de mi vida. El problema es que me la crea. Si yo me creo que mi vida es eso, ese desarrollo imaginario, pues me quedo detenido, paralizado. Y éste es uno de los principales impedimentos al progreso personal. No distinguir entre decir, pensar y hacer. Son tres tiempos diferentes en todas las personas. La salud o un estado de normalidad más coherente es donde los tres están encaminados hacia el mismo lugar: pienso, digo y hago.

Lo saludable sería poder diferenciar entre lo que es mi realidad psíquica y lo que es la realidad real, aceptar cuál es la realidad real y poder hacer acciones en la realidad real para transformarla. Porque el neurótico hace, pero todo en su fantasía, hace, pero la paja mental, no transforma nada de la realidad. El psicótico es el que va a transformar la realidad real, pero sin aceptarla. No acepta la realidad real, la borra y la sustituye por su propia realidad (soy Napoleón, soy Jesucristo, soy millonario, soy el maestro, cuando no ha abierto un libro nunca, pero lo vive así). El perverso es el que conoce la realidad, pero se la salta: yo sé que para ser médico tengo que aprobar dos asignaturas que me quedan de la carrera, pero me las salto, por lo bonita que soy me tienen que aprobar.

Si miramos a nuestro alrededor (vamos a mirar alrededor primero y luego nos miraremos a nosotros cuando estemos preparados), si miramos alrededor vemos que hay muchas personas que se comportan así. Hoy en día hay muchos jóvenes, por desgracia, que están encerrados en su habitación frente al ordenador. Y esos tienen un grado de salud, porque al fin y al cabo se relacionan con otras personas a través del ordenador, pero hay personas viviendo en su mundo y creyendo que su realidad es ésa que fantasean. Y eso nos lleva a una detención total, es patológico. Son casos graves y difíciles de revertir.

Una de las cosas más importantes del ser humano es que, una vez que conoce un goce, le resulta muy difícil renunciar a él. Yo gozo del pensamiento y, o salgo de ahí, o no paro de pensar, porque es tan cómodo... Porque se obtiene una satisfacción. Hay como una realización de deseos sin trabajo en la realidad. Hay un trabajo psíquico, porque siempre hay un trabajo, hay una gran cantidad de energía detenida en el psiquismo de esa persona. Esa misma energía que podría poner en el mundo para realizar sus proyectos está detenida en su realidad psíquica. Hay una cantidad de energía tremenda puesta ahí. Precisamente cuando esa persona comienza a psicoanalizarse, consigue que esa energía que está ahí detenida se vaya liberando y se vaya poniendo en la realidad material.

Fantasear es una manera de negar el trabajo en la realidad. Porque hay un trabajo psíquico súper enérgico en la neurosis. Además, terminamos agotados. Un día que estamos un poco más "pajeros" terminamos agotados. "No he hecho nada, pero estoy agotado". Porque has estado todo el día dale que te pego.

Cansa menos trabajar en la realidad porque están los otros y eso da mucha energía. Es como una retroalimentación. Trabajar con otros seres humanos da energía, por muy mal que te lleves con el ser humano que tienes delante. Da igual, da energía. Hay gente que dice "me voy a levantar porque necesito ir al trabajo a fastidiar a mi compañero", da igual, es un momento pero que te impulsa a levantarte. Luego, conviene psicoanalizarse para ir sustituyendo ese goce por otro o ir sumando nuevas formas de gozar.

La energía para el progreso viene de uno y los impedimentos al progreso también vienen de uno mismo. Porque solemos tirar balones fuera: no tengo tiempo, no tengo dinero, es que mi familia, es que a él lo educaron de otra manera. Para el otro siempre se ve mucho más fácil que para uno. Es que mi novio no me deja. Es que requiere mucho trabajo. Es que soy una mujer. Y qué van a pensar de mí si me pongo ahora a trabajar con lo bien que tengo las uñas (estamos haciendo sarcasmo de cosas muy importantes).

Y que el mundo es mucho más difícil para la mujer porque el mundo lo ha construido el hombre. Y pobrecitas nosotras. Caemos en esas posiciones.

Todos, hombres y mujeres, tendemos a caer en esa posición de pensar que los impedimentos vienen del mundo y nosotras lo que venimos a decir es que no, que es difícil para todos por igual y que todo el mundo tiene que hacer un trabajo para crecer. Y que las dificultades y los impedimentos al progreso personal y profesional provienen de nuestro propio psiquismo inconsciente.

Tenemos que hacernos un "selfi psíquico". Empezar a mirarnos a nosotros mismos, porque eso de la foto al horizonte no va más, para poder salir de una cárcel. Porque, al pensar que el impedimento viene de afuera, tengo que cambiar el mundo, tengo que cambiar a la familia, cuando quien tiene que cambiar soy yo, mi posición dentro del sistema. Hay parejas en que, cuando uno cambia de posición, cambia la relación. No somos seres aislados, somos seres sociales. Eso que decimos que es un impedimento nuestro, si lo transformamos, beneficia a todo nuestro entorno. O perjudica, porque si tú trabajas para perjudicarte (que también para eso hay que hacer un trabajo) perjudicas a los demás y, a la inversa, para perjudicar a otros, te perjudicas tú.

También hay un trabajo en el no progreso. No es que cuando trabajamos nos va bien y cuando no trabajamos nos perjudicamos. Es que también hay un trabajo para perjudicarnos. También hay un trabajo en el no progreso. Hay un trabajo para progresar y crecer. Y cuando no progresamos y no crecemos tenemos que pensar que estamos haciendo un trabajo en nuestra contra, siempre hay un trabajo.

¿Cómo voy a gozar de encontrarme aislado en mi casa? ¿Cómo voy a gozar de lo que me quejo? Me quejo, yo quiero cambiar, pero me quedo en mi casa y es que no puedo, y no hago nada. Y estoy gozando.

Esto vamos a explicarlo para que no pensemos que estamos todos locos.

Como sujetos psíquicos somos sujetos divididos en consciente e inconsciente. Lo que hace bien a un sistema, al sistema consciente, a veces no le hace bien al sistema inconsciente. O al revés. Lo que es goce para el sistema inconsciente, es malestar para la conciencia. Y esos conflictos que surgen en nosotros son los que provocan trastornos graves en la realidad. Hay que estar acorde con uno mismo, y acorde es aceptar que tengo deseos inconscientes. Que soy dividido, que tengo deseos a favor y deseos en contra. Que tengo una parte consciente y una parte inconsciente. Que hay una parte inconsciente en mí que no sé nada de ella y, sin embargo, es la parte más determinante en nuestras vidas. Participa en todos los procesos. Porque la conciencia hay veces que participa y hay veces que no. Muchas veces hacemos cosas inconscientemente, nos pasan cosas inconscientemente porque lo inconsciente siempre participa. La conciencia a veces participa y a veces no. Por ejemplo, cuando estamos durmiendo, la conciencia no participa, está inhibida. O cuando nos sometemos a un agente, a una droga, al alcohol, la conciencia se inhibe, pero el inconsciente está pulsando todo el tiempo. Dice "lo mató y estaba borracho", como atenuante. Pero no es un atenuante, es un agravante, disminuyó la censura y el inconsciente sacó lo que es ese sujeto, un asesino.

Eso es lo que vienen a hacer las drogas, potenciar el deseo que uno tiene. No en todo el mundo producen lo mismo. Hay gente que se pone a trabajar muchísimo cuando consume y hay gente que se detiene. Lo que acontece en cada uno tiene que ver con su historia de deseos.

En lo inconsciente están los deseos infantiles prohibidos. Tienen que ver con nuestra sexualidad infantil que fue prohibida y que quedó olvidada. Porque llegó un momento en que ya no éramos niños y no podíamos seguir enamorados de mamá ni de papá, sino que eso quedó prohibido y tuvimos que salir al mundo en busca de otros hombres y otras mujeres. Pero todos esos deseos sexuales son también hostiles, porque cuando amábamos a mamá también estaba papá como rival que nos separaba de mamá y viceversa, cuando amábamos a papá, mamá era la rival que nos separaba de él. En esa etapa infantil nacen por primera vez la hostilidad, el odio, los celos. Todo eso está reprimido frente a esas figuras, la figura del padre y de la madre, por eso se olvidó. Pero esos afectos siguen estando en nosotros, ahora desplazados, asociados a otras representaciones, a otras personas. Por ejemplo: me cae fatal, siento hostilidad hacia ese hombre y no sé por qué. Quizás es un subrogado del padre. Inconscientemente, porque tú no puedes dar cuenta de por qué justamente un hombre, que te trata bien, que te ayuda, sientes hostilidad hacia él. Como el padre que te ayuda y sientes hostilidad hacia él. Lo quieres eliminar porque es un impedimento para el amor con mamá. Tanto en hombres como en mujeres, siempre es la misma historia, porque el primer amor siempre es la mamá.

En la adultez no va a ser la mamá real que está tranquilamente en su casa (aunque en algunos casos también va a ser la mamá real), sino que la mamá va a ser esa situación plácida donde todo lo conseguíamos llorando un poco y venía mamá y nos daba la teta y nos acunaba y nos daba calor. Esa primera experiencia de placer y de goce con esa madre todopoderosa, que respondió a todas nuestras necesidades y demandas y nos salvó la vida, es lo que queda en nosotros de adultos y, a veces, uno quiere volver ahí, sin trabajar, volver a esa situación. Ésa es una tendencia en nosotros, querer volver a esa primera experiencia de placer y de satisfacción. Todo el tiempo buscamos la tranquilidad, la estabilidad, el goce con la madre todopoderosa (madre fálica). Para no hacer nada. Para, con solamente llorar, que me adivinen. Eso también nos pasa en la relación con el jefe, con nuestra pareja "¿es que no se ha dado cuenta de que estoy mal?", "¿no se ha dado cuenta de no sé qué?", pues si no se lo dices, ¿cómo se va a dar cuenta? No es tu mamá.

Todo el tiempo tenemos la tendencia a regresar, guiados por el principio del placer, a esa situación de tensión cero. Pero la tensión cero es la muerte.

Atentar contra el trabajo que es la principal fuente de subsistencia para un trabajador es una de las formas del suicidio. El suicida es un asesino tímido, porque el suicida nunca se mata a sí mismo. Se ha identificado con un objeto amado y perdido al que ha incorporado dentro de su yo para no perderlo, porque se niega a aceptar que ese objeto amado ya no está más. Entonces, el suicida no se mata él cuando se mata, sino que mata al objeto perdido con el que se ha identificado. Así que podríamos decir que no hay suicidas, sino asesinos tímidos. El suicida se mata, pero por equivocación. Porque realmente a quien quiere matar es a esa persona, cosa o ideal que lo ha abandonado y con la que se han identificado. Estamos hablando del proceso psíquico inconsciente; claro, luego en la realidad se mató.

Entonces, la tendencia del inconsciente es a encontrarse con la madre, pero la conciencia quiere progresar en su trabajo, sabe que tiene que estudiar, sabe que tiene que trabajar y, sin embargo, no lo puede alcanzar, no lo puede conseguir, todo se le vuelve difícil. Encuentra impedimentos por todos lados, excusas. Lo que para la conciencia es insatisfactorio, es placentero en el inconsciente, está produciendo un goce. Hay algo que se está satisfaciendo en el inconsciente, eso de encontrarse con la madre todopoderosa, volver a los brazos de mamá. Ése es el conflicto, lo que para una parte del aparato psíquico supone displacer, no progreso, para otra parte del aparato psíquico supone goce, hay satisfacción de deseo sexual, infantil y reprimido.

Siempre encontramos justificaciones del exterior. Pero algunos impedimentos al progreso personal y profesional de los que no nos damos cuenta son los sentimientos que ese progreso produce en nosotros. Porque, a veces, uno no progresa por celos, por envidia, por amor, por culpa, por angustia. Porque se siente angustia frente al progreso. Porque al salir de ese goce infantil, de esa posición demandante con respecto a la madre todopoderosa, se pasa a otra posición. La angustia está en medio del goce con la madre omnipotente y el deseo con trabajo, que es el mundo. Cuando yo detengo mi desarrollo porque no quiero avanzar hacia el mundo, hacia un deseo con trabajo, caigo en la angustia, porque caigo en esa situación primigenia que no me lleva a ninguna parte. "Es que no puedo", "es que estoy angustiada". ¡Avanza! Verás cómo, si pasas ese instante, te lleva a otro lugar.

La angustia es productiva, siempre va a producirse frente a cualquier situación novedosa, una reunión con un nuevo cliente, un nuevo proyecto, una persona que recién conozco. Siempre es una angustia productiva, útil, es una señal de que está produciéndose algo que yo deseo, se está aproximando. Cuando percibimos esa angustia hay que seguir hacia adelante, dar el siguiente paso y no irse para atrás, porque muchos de los síntomas que se producen son para no sentir esa angustia. Muchas de las fobias o de los síntomas obsesivos tienen que ver con la angustia. Llego a tener miedo a salir a la calle, porque salir a la calle me provoca angustia y, como no quiero sentir angustia, desarrollo una fobia o una agorafobia. Me quedo con mamá, encerrada en casa. O hago un ritual: tengo que meter y sacar, meter y sacar, meter y sacar, cuarenta veces la llave en la cerradura. Que, como veis, es un síntoma y, en todo síntoma, hay una satisfacción de deseos encubierta, sexual, infantil y reprimida. Los síntomas del trastorno obsesivo compulsivo (TOC), por ejemplo, son muy sexuales todos. Me meto y me saco el calcetín, cinco veces porque, si no, siento que le va a pasar algo malo a mi mamá o algún otro ser querido.

Cuando hablamos del TOC nos referimos a la neurosis obsesiva. Es la repetición constante de un síntoma. Por ejemplo, tengo que tener todo el armario ordenado por colores y no puedo alterar ninguno. Hay síntomas muy invalidantes. Hay pacientes con TOC en los que su vida está muy limitada a los síntomas. Por ejemplo, entrar y salir cuatro veces de casa porque si no lo hace le va a pasar algo malo a alguien. O revisar cincuenta veces un trabajo antes de entregarlo. Porque hay en ellos un deseo hostil de matar a alguien, de que alguien desaparezca a nivel de pensamiento, porque le ha molestado. Y como no lo acepta, hace síntoma. ¿Y porqué es sexual? Porque esa hostilidad es frente alguien que le obstaculiza en la satisfacción del deseo sexual infantil y reprimido. Están las dos cosas en el síntoma del TOC: está la realización encubierta de un deseo sexual, infantil y reprimido y está la satisfacción de un deseo hostil, que no acepto, que rechazo porque me sobrepasa, porque no lo comprendo, porque está dirigido a quien no corresponde y además está prohibido. Y ese deseo hostil tiene que ver con las primeras figuras parentales, padre y madre, y la hostilidad que se sentía hacia ellos, pero que, como yo no lo acepto, vuelve a mí en forma de síntoma y así pago por la culpa que esos deseos me generan. Los síntomas en el TOC son para no sentir angustia. La angustia es una señal de su deseo inconsciente. Si tú le impides realizar el síntoma o el ritual, va a sentir una angustia incontrolable.

¿Se puede cambiar la forma de gozar del inconsciente? Ése es el trabajo que cada uno va a hacer en su propio psicoanálisis. Hay que sumar goces. Uno no va a renunciar a un goce conocido, pero puede no ser el único, se pueden sumar otras maneras de gozar. Yo gozo con todo, con todo lo que hago, con todo lo que digo, aunque me equivoque, nos encanta equivocarnos, es una oportunidad para crecer.

Es mejor ser un gozador múltiple. Es mejor aceptarse uno y aceptar sus propias tendencias, que son humanas. Porque, además, el paciente obsesivo tiene una moral tan elevada que no se puede permitir aceptar que siente hostilidad hacia los seres amados. Tú se lo dices y dice: "pero si yo amo a mi papá, amo a mi mujer". Es que lo quiero... matar a veces, normal. ¿Quién quiere a todo el mundo por igual siempre? Es imposible. Viene alguien que te trata bien y te pasa una cosa, viene alguien que te trata mal y te pasa otra cosa. Pero hay gente que no, hay gente a la que nunca le pasa nada, acepta todo, aparentemente, porque después está todo el procesamiento psíquico inconsciente.

Los obsesivos están muy protegidos contra el suicidio, por ejemplo, y jamás van a matar a nadie, por su elevada moralidad, tampoco a ellos. Muchas veces se dice de los psicópatas que son enfermos mentales. Olvídense. El asesino es asesino y no enfermo mental.

En ese tema, a veces los medios de comunicación son tremendos. Los enfermos mentales no son asesinos. Son enfermos mentales. Y el asesino goza de matar. Y es que hay cosas que no hay que probar en la vida, no sea que te gusten. Por ejemplo, el incesto, el asesinato. Son cosas que no hay que probar porque son cosas que están prohibidas para poder llegar a un grado de civilización, precisamente porque son cosas deseadas por el sujeto. Esa es la Ley que hay que respetar en la realidad. En la materialidad objetiva. Y también es la ley psíquica que hay que respetar, porque cuando uno se salta la ley, tiene pensamientos incestuosos o es incestuoso en su estructura psíquica, se vuelve loco. La diferencia es que, entre el loco o el obsesivo y el asesino, el obsesivo lo fantasea, pero el asesino lo hace en la realidad.

Un psicópata que no siente empatía ni culpa, si mata es un asesino no un enfermo mental. Porque hay muchos psicópatas que no matan, pero que no tienen empatía ni culpa y van por la vida así. Es complejo imaginar que a una persona que mata no le pase algo psíquicamente. Si se anima a psicoanalizarse descubriremos que le pasan un montón de cosas, que mata a su madre en cada asesinato o que está intentando matar a la madre. Porque, también, cada manera de matar habla del asesino y de su sexualidad. Hay asesinos que solamente clavan puñales, hacen penetraciones. No poder entender cómo a una persona que mata fríamente y hace cosas tan tremendas no le pase nada, es no querer entender que uno también tiene deseos hostiles. ¿Que yo tengo deseos hostiles? Es difícil de creer, ¿cómo voy a desear que le vaya mal a mi compañero, a mi hermano, a mi padre?

Cada cosa que hacemos en la vida habla de nosotros. Ya sea buena o mala. Y lo que no hacemos también habla de nosotros ante la mirada de un psicoanalista. Pueden vivir tranquilos, que la gente no se entera de estas cosas a primera vista, aunque hay un saber inconsciente. El otro inconscientemente sabe. Por ejemplo, con los lapsus de los políticos, muchas veces lo vemos en las noticias. Sus lapsus les delatan, como a todo el mundo. Además, hablamos de inconsciente a inconsciente. Inconscientemente algo comprendemos. Cuando el otro dice una frase, sabes en qué posición está esa persona, pero desde la conciencia no lo percibimos. Y si uno está en análisis se construye la humanidad del ser humano. Porque cuando estás en análisis primero aprendes cómo funcionan tus propios procesos inconscientes y, además, escuchas y ves de otra manera lo que sucede a tu alrededor.

Otro sentimiento que puede frenar el progreso laboral, y es muy común que esto pase en las mujeres, es el amor, que cuando se enamoran lo abandonan todo. Hay muchas mujeres que son excelentes profesionales y empiezan una relación de pareja y se olvidan de todo, por amor lo dejan todo. Debemos tener cuidado con eso, saber que por amor somos capaces de abandonar todo. Igual que hay muchos hombres que, por ser deseados, lo abandonan todo. Hemos visto casos donde entra una tercera persona en la relación y son capaces de destruir la empresa. Hay que tenerlo en cuenta porque a veces nos cuesta.

La mujer tiene que trabajar por dinero. El mejor padre para una mujer es su cuenta bancaria. Es la aceptación de una ley, para conseguir dinero hay que trabajar. Sea el trabajo que sea, cada uno puede trabajar en lo que quiera, pero hay que trabajar.

Esto es importante porque no existen unos criterios para el progreso personal. No es que el progreso es una cosa y para todo el mundo es lo mismo. El psicoanálisis nos muestra cómo cada persona es diferente y tiene que construir su propio camino. Además, a veces uno progresa, pero como tiene el criterio de progreso de lo que sus padres consideraban progreso, no se ve progresar. Y lo que fue bueno para los padres de uno puede no ser bueno para uno. Así que cada cual tiene que hacerse ese "selfi psíquico" del que hablábamos, para su propio crecimiento: quién era antes, quién es ahora, cuál es su deseo. Identificar su deseo y separarlo del deseo en el cual se ha montado para llegar hasta aquí. El otro día veíamos a una persona que había llegado hasta aquí montado en el deseo de sus padres, pero ahora quería seguir por otro camino, el de su propio deseo.

La autoestima muchas veces también impide el progreso profesional. ¿Y sabes la alta o baja autoestima de dónde procede? El aparato psíquico es un aparato complejo, dividido en parte consciente y parte inconsciente. Pero, además, hay una parte que es el Yo, que atrae el amor hacia uno mismo (narcisismo), y también está la conciencia moral o superyó, que es la internalización de las figuras parentales, lo que tu padre y tu madre te decían que tenías que hacer, y qué es bueno, y qué es malo. En la baja autoestima, lo que sucede es que el Yo es muy pequeñito comparado con el Superyó: tienes que ser esto, tendrías que haber llegado ya en este momento de tu vida a esta posición, o qué pequeña eres o qué pequeño eres. Es tu propia conciencia moral la que se lo dice a tu propio Yo. Hay un conflicto interno en el psiquismo de la persona con baja autoestima. Hay que trabajar en su psicoanálisis ese conflicto. Porque el paciente con baja autoestima siempre se está comparando con lo grande que era el padre y lo grande que era la madre en su infancia.

Por ejemplo, su padre le dijo que si ganaba 5.000 euros al mes era una maravillosa profesional, pero gana 4.900 euros, es una porquería. Siente que es una porquería porque no llegó a lo que le dijo su padre. Pero, a veces, no da el salto, para seguir siendo esa porquería de papá. Para seguir manteniéndose en ese lugar de no poder.

¿Y cómo se da ese salto? Con trabajo psíquico. El psicoanálisis no es otra cosa que un trabajo psíquico pero que incluye a otros". El paciente va a trabajar a la consulta.

Se suele pensar que la baja autoestima es porque a uno no le quisieron. Y sí, puede ser, pero también puede ser porque sintió que no le quisieron o porque le quisieron de más y nunca va a encontrar en la realidad a nadie que le quiera tanto como su mamá.

Es una cuestión de cantidad. Además, en el aparato psíquico se dan relaciones entre sistemas y relaciones dentro de cada sistema. Es decir, el aparato psíquico está estructurado como Yo, Ello y Superyó. Pero también está lo inconsciente, la conciencia y el preconsciente. Es decir, hay una parte del Yo que es consciente y otra parte del Yo que es inconsciente. Hay una parte del Superyó que es consciente y hay una parte del Superyó que es inconsciente. El Ello es todo inconsciente. Todas esas relaciones que se producen psíquicamente tienen que estar reguladas en la cantidad. No se puede vivir sin Superyó, no se puede vivir sin Yo. No se puede vivir sin Ello. Pero tienen que estar en buena convivencia. Porque si tienes un Superyó tan poderoso que no le deja vivir a tu Yo, que también tiene que escuchar al Ello porque el Yo es una especie de árbitro o conciliador, y el Superyó machaca constantemente al Yo con sus mandatos categóricos, estás frito. O al revés, si tienes un Yo muy fuerte, padeces de un narcisismo exacerbado, vas por la vida diciendo "yo soy el que más, yo soy el mejor" y, claro, te vas pegando golpes por todos lados.

Freud lo explica así:

"El Yo es una parte del Ello modificada por la influencia del mundo exterior... El Yo se esfuerza en transmitir a su vez, al Ello, dicha influencia del mundo exterior, y aspira a sustituir el principio del placer, que reina sin restricciones en el Ello, por el principio de la realidad. La percepción es, para el Yo, lo que para el Ello el instinto. El Yo representa lo que pudiéramos llamar la razón o la reflexión, opuestamente al Ello, que contiene las pasiones.

...

El Súper-Yo no es simplemente un residuo de las primeras elecciones de objeto del Ello, sino también una enérgica formación reactiva contra las mismas. Su relación con el Yo no se limita a la advertencia: «Así (como el padre) debes ser», sino que comprende también la prohibición: «Así (como el padre) no debes ser: no debes hacer todo lo que él hace, pues hay algo que le esta exclusivamente reservado». Esta doble faz del ideal del Yo depende de su anterior participación en la represión del complejo de Edipo, e incluso debe su génesis a tal represión. Este proceso represivo no fue nada sencillo. Habiendo reconocido en los padres, y especialmente en el padre, el obstáculo opuesto a la realización de los deseos integrados en dicho complejo, tuvo que robustecerse el Yo, para llevar a cabo su represión creando en sí mismo tal obstáculo. La energía necesaria para ello, hubo de tomarla prestada del padre, préstamo que trae consigo importantísimas consecuencias. El Súper-Yo conservará el carácter del padre, y cuanto mayor fue la intensidad del complejo de Edipo y la rapidez de su represión (bajo las influencias de la autoridad, la religión, la enseñanza y las lecturas), más severamente reinará, después, sobre el Yo, como conciencia moral o quizá como sentimiento inconsciente de culpabilidad".

Es una cuestión de cantidad que hay que trabajar en el psicoanálisis personal. Los celos, la envidia, son sentimientos humanos que todos sentimos alguna vez, lo que nos diferencia a unas personas de otras es qué hacemos cada uno con nuestros celos y con nuestra envidia. Porque puedes sentir celos un segundo, porque puedes sentir "mira se ha ido con el otro", te pones celoso un segundo, pero te incluyes en la situación. Y otra cosa es cuando sientes celos y te aíslas de la situación, te metes en tus celos y te quedas solo.

Acepto que tengo envidia por la compañera y luego me doy cuenta de que la admiro. Me doy cuenta de que está haciendo un trabajo que yo no hago pero que si yo hago ese trabajo también puedo conseguirlo. Y fíjense que los celos pueden llevar a matar a una persona. Fíjense las diferentes reacciones que se pueden tener frente a unos sentimientos que todo el mundo sentimos por el hecho de ser humanos, por el hecho de ser hablantes. Pero es importante reconocer esos sentimientos en uno para poder trabajarlos y hacer otra cosa con ellos.

Luego tenemos a nuestra amiga la culpa, que es demoledora. El sentimiento inconsciente de culpabilidad es diferente a lo que sentimos como culpa "he hecho esto mal, me siento culpable", que eso vendría a ser el remordimiento. La culpa, el sentimiento inconsciente de culpa, es lo verdaderamente dañino. Tiene que ver mucho con el sentimiento de inferioridad. Sabemos de ella por la presencia de una necesidad de castigo. Y tiene que ver con los sentimientos hostiles que sentimos hacia nuestro padre, cuando deseamos que desapareciera de nuestra vida para quedarnos con mamá toda para nosotros y permanece inconsciente en todos. Y, a veces, me lleva a cometer delitos en la realidad, para encontrar un castigo que la calme. Porque la culpa no se calma de otra forma si no es con castigo.

Siempre hay una figura paterna. No tiene que ver con el padre biológico. Siempre hay alguien que cumple esa función. No hay sujeto no constituido psíquicamente, la constitución psíquica es igual para todos. Siempre va a haber padre, aunque sea el frutero, aunque sea el tío, aunque sea el portero, siempre va a haber alguien que me diga "con tu madre no", o "eso no se puede". Que te pone límites a esa tendencia infantil. A veces es la realidad misma la que pone los límites. No tiene que ver ni siquiera con una persona. De repente me doy cuenta, yendo al colegio, de que no puedo seguir comportándome como un bebé. O tu jefe le pone un límite a tu tendencia a no hacer nada. O te dice "tienes que entrar a las 8 de la mañana". Ya hay una ley, la cumples, te va bien. No la cumples, te despide.

Ése es un impedimento al progreso personal, no tener Ley, o forcluir (borrar) la Ley como hace el psicótico, o saltarme la Ley como hace el perverso. Esa relación que cada uno tiene con la Ley es muy importante para progresar o no progresar. Porque no es que no debamos saltarnos la Ley en alguna ocasión. No es que no debamos forcluir la Ley en alguna ocasión. La salud mental tiene que ver con un equilibrio en el uso de todos los mecanismos del aparato psíquico. El funcionamiento normal del aparato psíquico incluye el mecanismo de la forclusión, de la represión, de la renegación. Un equilibrio quiere decir utilizar todos los mecanismos que tiene el aparato psíquico, eso es saludable. Cuando uno se pasa en la utilización de un mecanismo y no utiliza los demás, eso da lugar a algún trastorno. La salud es utilizar todos los recursos psíquicos que pone el aparato a nuestra disposición. Es una cuestión de cantidad. Si se excede en la cantidad en alguna de esas tendencias, entramos en lo patológico. El sujeto normal es un poco psicótico, un poco neurótico, un poco perverso, un poco histérico.

Otro impedimento al progreso tiene que ver con la familia. Porque en la familia siempre uno tiene una posición, aunque sea la de estúpido de la familia, o la pobrecita que nunca pudo nada, o el tonto del capirote, da igual, uno tiene una posición. O el salvador. ¿Y tiene que ver con la posición de nacimiento? Bueno puede ser, a veces uno es el pequeño y siempre llega tarde a los sitios. O se ve siempre más pequeño que los otros. Pero a veces el pequeño siempre quiere llegar el primero para eliminar al hermano mayor por rivalidad y le va fenomenal. Es lo que cada uno haga con eso. Pero la posición que uno ocupa en la familia a veces dificulta el crecimiento y el progreso personal y profesional. Por mantenerse en esa posición. Porque va a superar a sus padres con la formación que tiene y eso no lo puede tolerar. Y, en la familia, aunque sea el tonto de la familia, tiene un lugar. Entonces, por fidelidad a la familia, por no perder ese lugar en la familia, no crece.

En las familias donde hay un detonante de locura, el loco de la familia es el menos loco. Es el detonante de la estructura familiar. Siempre hay una complicidad familiar, en todas las familias, cada uno ocupa un lugar. A veces pasa que, en una familia, se muere uno y deja vacío el lugar del loco o del tonto y hay otro que inmediatamente lo ocupa. Bueno, familia, grupo, empresa. Grupos humanos. Por ejemplo, hay uno que es el vago y que no hace nada. Y le despides y otro cae en esa posición. Todos son importantes en lo grupal, aunque yo no vea para qué sirve. La estructura grupal requiere de todas esas figuras.

A veces uno, para mantenerse fiel a la familia y al lugar que ocupa en la familia, no progresa, no hace el trabajo para progresar. Pero es una cuestión inconsciente. Tiene todo a su disposición para ser culto, para tener éxito, para enriquecerse. Pero no lo utiliza para eso.

Y a ella le dicen "eres tonta" y ella se lo cree porque, además, como piensa que le falta algo porque es una mujer... Pero eso que le falta a ella nos falta a todos. Porque lo que nos falta a todos es la inmortalidad. Somos seres mortales. Nuestra principal carencia es que vamos a morir. Todas las creaciones postmortem son creaciones humanas para ser inmortales, para tachar la mortalidad. Aceptar que uno tiene límites te lleva a cuidar más tu salud y a trabajar tu realidad.

Hay gente que no puede progresar porque se pregunta "¿y cuando yo me vaya, van a seguir viviendo sin mí?". Y también se preguntan "¿antes de mí había mundo?". Hay muchas parejas que no toleran relaciones anteriores de su pareja. Que haya habido vida antes de él o ella, y están celosos por eso. Antes de que yo naciera, el mundo ya estaba hecho y cuando yo me muera, seguirá sin mí.

Es uno mismo el que tiene que decidir salir de esa posición. Y, además, cuando uno se transforma con trabajo, se transforma también la relación con su familia, se lleva mejor. La familia lo trata mejor. A veces los elementos estructurales se enfadan. Pero hay que ser infieles a la estructura familiar. Ser fiel es imposible para el ser humano. La tendencia es a querer ser fiel, pero para progresar es necesario ser infiel: a las ideas, a las personas, a los prejuicios, a la manera de vivir de antes, a la familia, a todo.

CASOS EMPRESARIALES

EJEMPLO 1

Un director de escuela dice contar con un equipo de profesores entre los que hay una ideología muy grande en contra del trabajo, que tiene que combatir todos los días. Incluso él mismo se ve contagiado.

Vemos que en este caso se produce una identificación al deseo de no trabajar. Es interesante porque tanto si trabajo como si no trabajo hay un deseo que se realiza y esto es una de las cosas más importantes que vamos a decir: que cuando trabajo hay un deseo de trabajar y cuando no trabajo también hay un deseo, pero de no trabajar. Podemos decir que hay un trabajo en contra del trabajo. Hacemos un trabajo para no trabajar, no es que no trabajemos. Trabajamos, estamos trabajando, pero en contra de uno y esto está motivado por un deseo que, a veces, es un deseo masoquista. No quiero que me vaya bien. Porque de otra manera sería: No quiero que me vaya mal, por eso trabajo.

EJEMPLO 2

Un consultor que ha detectado que cuando trabaja en equipo hay una resistencia, se ha enfocado a encontrar claves para influir en los demás. Para dar soluciones, para que el equipo pueda ver el trabajo de una forma diferente a como nos han educado. Es empresario, tiene dos empresas, en la segunda está innovando para solucionar los problemas de tiempo de sus clientes. Su vida es la relación con las personas. Su vida son los clientes.

EJEMPLO 3

La responsable del departamento de Administración de una clínica dental es hija de un empresario que siempre les ha educado a ella y a sus hermanos para vender, para saber tratar con los proveedores, con los clientes, para tener contentos a todos. Esa cultura la tiene muy arraigada, dice. En la consulta hay momentos mejores y momentos críticos. Quiere aprender a manejar el instrumento psicoanalítico, más por ella que por la clínica, porque es mayor el conflicto interior que ella tiene sobre el trabajo, que las dificultades de trabajo con el resto del personal. Su conflicto interior con el trabajo, según ella misma describe, siempre ha sido un querer y no poder: querer ser más y sentirse pequeña.

Cuando ella dice "yo vengo de una familia de empresarios", muestra que hay una ideología, una manera de concebir el trabajo, las relaciones con el cliente, etc. que " ha mamado", que está metida en sus células. Porque la ideología se transmite desde las proteínas de la leche. Eso, de alguna manera, condiciona su manera de verse en relación a su puesto de trabajo, a su empresa, a sus compañeros.

El lugar que uno ocupa en la familia de origen condiciona también el lugar en el que uno se posiciona frente al lenguaje y en la empresa. Ella es la última de cinco hermanos. Ante nuestra observación dice admirada: ¡La pequeña! Pero mis hermanos me ven la más fuerte.

Nos dice que suele quejarse de que su trabajo no es medible y, por tanto, no es valorado como corresponde. Hace las facturas, da igual si son 20 o si son 100 porque nadie se entera. Pero en la clínica hay gente que hace un trabajo más medible, que este mes ha conseguido 20 tratamientos y 50 cirugías y el próximo 70, y a ellos se les felicita: ¡qué bien que lo habéis hecho!

En este caso vemos cómo no se piensa el equipo, sino la individualidad. El equipo siempre puede más que el individuo. Si se trata de un trabajo grupal, cada componente del grupo se beneficia de lo que consiguen los demás. Pensar que las 20 cirugías y los 50 tratamientos no los ha hecho ella es un error. Pero además está la cuestión inconsciente de que ella es la única mujer entre los hermanos varones y por tanto parece que la medición podría tener que ver con el tamaño de la genitalidad.

Ante esta interpretación, reconoce que puede ser que ése sea su conflicto, que no se siente valorada por el resto del equipo.

En otra oportunidad, nos habla de un nuevo empleado que no trabaja mal, pero que no encaja con nadie, nadie o muy poca gente tiene buena química con este empleado. También les resulta difícil medir si trabaja bien o no, porque es un campo que los dueños no dominan. Trabaja en el área de marketing. Es difícil saber el número de clientes que llegan gracias a él porque a su trabajo se suma el marketing online que utiliza otras formas de medición. Saben que trabaja, pero no saben si es productivo el trabajo, y luego es que a la gente no le gusta estar con él ni su forma de trabajar.

Con respecto a esta cuestión observamos cierta intolerancia a las diferencias que, con este nuevo empleado, no perteneciente a la familia, han llegado a la compañía y así se lo interpretamos a nuestra protagonista.

EJEMPLO 4

La secretaria personal de un empresario critica a todo el mundo. Él tiene la sensación de que lo que pasa es que tiene dos personalidades. No es capaz de afrontarlo y echa la culpa a alguien de lo que le pasa a ella.

No es una mala interpretación, porque somos sujetos psíquicos divididos en consciente e inconsciente. Él sabe de los problemas personales que ella tiene. Ella critica su vida personal delante de él. Se la cuenta y critica. Ésa es su tendencia, su forma de gozar. Ella tiene que sentir que es la que más padece, la que más hace, la que menos recibe. Vemos una tendencia muy narcisista. Es un narcisismo exacerbado: "tengo la verdad". Porque el que critica es el que cree que tiene la verdad, pero la verdad no existe. Hay que construirla y dura poco.

EJEMPLO 5
CASO CLÍNICO

"Soy cocinero y he tenido que bajar de nivel porque no podía soportar la tensión, bueno, sí la podía soportar, pero a lo mejor es una cuestión de comodidad y he preferido hacer un trabajo de un nivel inferior, con un sueldo inferior. Sacrifico el sueldo. Sacrifico porque tengo una relación matrimonial, los horarios de la cocina son un poco conflictivos, repercuten en la relación personal y he pensado en bajar bastante el listón. Pero, claro, después me entra el conflicto de decir "vaya coñazo de trabajo". La monotonía que siento al mes, mes y medio... y no sé si me afecta en la relación con los superiores, como que me da cierta desidia, "joder, otra vez lo mismo, cortar el queso". He estado trabajando en hoteles de cinco estrellas, yo siempre he sido cocinero. Me ha ido bien, pero por el tema de horarios he pensado meterme en otro sector, lo que se llama colectividades, que son horarios más estables, trabajos más mecánicos. Y no es que me aburra, en algunos sitios me he ido y en otros me han echado.

En el último trabajo me han echado y me han vendido la historia de que fue por malas prácticas higiénico-laborales. Y claramente no me lo creo, ni me han mostrado el expediente ni nada. Yo creo entender que he tenido cierto conflicto, no con mi jefa sino con una empleada que se dedicaba a hacer auditorías de la higiene. A mí me dijeron que había subido un expediente a la dirección y que no había opción. Bueno, eso es un detalle, porque yo he pasado por muchas empresas y por eso he venido aquí, porque a lo mejor es que hay una parte mía en la que yo no sé descifrar dónde está el error.

Objetivamente, veo que de algunos trabajos yo me he ido, me han ofrecido otras condiciones mejores y me he ido. O ha salido mal el proyecto. Es decir, ha habido situaciones objetivas. Pero hay otros de los que me han echado y sí, me he encabronado con los compañeros me he cabreado con el encargado, y no sé yo de dónde viene eso.

He estado seis años en un hotel de lujo, en el último trabajo estuve con un señor que tenía mi carácter, de cincuenta y pocos años, la mala suerte es que no me han vuelto a llamar, pero estuve con él cuatro meses y ¡qué a gusto en ese trabajo! Porque era una persona súper discreta, él a su trabajo y yo al mío, nos compenetrábamos, nos mirábamos y ya funcionaba, yo pensaba ¡por favor, que me dure este trabajo! Aparte de que yo, con mujeres, es que he tenido mala suerte también porque yo todas las jefas de cocina cuando han sido mujeres, fatal, fatal, fatal, fatal. Hiperestresantes, hiperansiosas, y perdona por utilizar estos latiguillos. Yo no tengo ningún prejuicio.

En el último trabajo que he tenido en un colegio mayor, la primera semana muy bien, pero, claro, cosas del trabajo, se había desbordado todo, era un colegio mayor que el año pasado tenía 150 alumnos y éste tiene 300 alumnos. Las cámaras de congelación se colapsan totalmente porque no entra el género, una serie de condiciones que a la chica le estresaban. Y ese estrés, esa ansiedad y esa angustia, como que las transmitía. Mi experiencia personal con las tres, cuatro o cinco mujeres con las que he trabajado en cocina, fatal.

Yo intento ser lo más objetivo posible, pero claro, la objetividad aquí no existe. Lo que necesito es alguien que me abra un poco las puertas de dónde está mi fallo, porque no es normal. Yo, por cualificación profesional, estoy sobrado. Me he pasado de las cinco estrellas súper gran lujo, a hacer buffets, bodas, he bajado el listón para hacer la vida más compatible con mi mujer, ganando 300 ó 400 euros menos, pues sacrifico. Aburrimiento o monotonía, pues la asumo también, porque todos los días voy a tener que cortar media barra de queso. Y en el último proyecto donde he estado, era de tal envergadura que a mí me costaba creer que a los tres meses me pusieran en la calle. Era una causa objetiva, el proyecto no salió bien, estuve hablando con compañeros y efectivamente no era una cosa mía. Fue una decepción súper enorme porque además sacrifiqué otros hoteles más estables, por ese proyecto nuevo.

Así que estoy dando bandazos, afortunadamente encuentro. Pero mi mujer me dice, "chico, esto no es normal". Yo, en la época dura de la crisis económica, estuve casi un año sin trabajar. Menos mal que tenía dos años de paro y me dije "no me voy a estresar, me lo voy a tomar con paciencia". E hice una espera activa. Actualicé mi currículum y he estado ahí.

Ella, mi mujer, tiene un trabajo bien cualificado. Egoístamente yo podría vivir sin... pero no, no. Yo tengo que ganarme lo mío. O sea, yo materialmente no me voy a morir de hambre, pero no es plan. Yo creo que es un componente sádico-masoquista. Y yo llevo una vida placentera, pero... Yo me noto que no es normal. Es muy cansino, entrevistas y otra vez la rueda. Y yo estoy sacrificando dinero, sacrificando...

He tenido ofertas de irme a la República Dominicana de ayudante de cocina y vivir como un rey, de irme a Ibiza, pero no, yo tengo mi mujer y... Bajo un poco el listón, vamos a ver si puede ser un horario estable, de lunes a viernes, jornada continua. También el trabajo de la cocina se ha devaluado, hay gente sumisa.

Yo estuve en una cocina del ejército y a los tres días me fui, era de la armada. Y llego el segundo día y me dicen que me tengo que poner a limpiar los platos. Y digo ¿cómo? Es que tú, a mí, me has contratado de cocinero. Y me dicen, "es que aquí los cocineros hacen esto". Y yo le dije, "pero oiga, es que eso yo no lo hago". Pues a la tarde ya tenía la liquidación. Es un ejemplo de cómo se ha ido prostituyen..., degradando este gremio.

¿Cómo vas a hacer tú una labor de limpieza? tú eres cocinero. Hombre, si es por un favor, le echas una mano al camarero, coges la fregona y lo que haga falta. Entonces la gente traga. A mí, con mi edad, que ya tengo 53 años, ya me cuesta un poquito. Entonces, pues eso, te va encabronando el mal humor.

Porque tampoco es una cosa ambiciosa que yo diga "quiero una estrella Michelín". Yo ya no soy un joven de veinticinco años que se emociona cuando veía Mastercheff. Lo que yo quiero es un trabajo estable. He conocido jefes de cocina que con 45 años están reventados, el corazón, la espalda, amagos de infarto, sobrepeso".

Análisis:

A pesar de que nuestro protagonista dice querer trabajar, y de hecho lo hace, se da cuenta de que no es normal que los trabajos le duren tan poco, pero suele recurrir a causas externas para explicarse los despidos (mala suerte, crisis económica, fracaso de un proyecto, etc). Conversar con nosotras, le ha ayudado a pensar que él está implicado en lo que le pasa.

Vemos claramente en él esta cuestión del principio del placer al que tiende todo aparato psíquico, ya que alude en varias ocasiones a que tiene una vida placentera, a que no necesita trabajar porque su mujer tiene un trabajo muy bien remunerado. Así que podemos pensar que hay en él una contradicción entre su querer trabajar a nivel consciente y su deseo inconsciente de no trabajar. Además, mantiene una posición con su pareja que refleja la manera ambivalente de relacionarse inconscientemente con sus padres. Por una parte, demanda el cuidado y el amor de la madre y por otra, ha tenido varios problemas con las figuras de autoridad que son subrogados del padre, especialmente cuando se trata de mujeres. Podemos deducir que su ambivalencia reside en mantener una posición pasiva frente a una mujer, con su pareja lo tolera porque está en posición madre, con sus jefas no lo tolera cuando ocupan la posición padre. Cuando dice "yo no tengo prejuicios" con esa negación hace pasar a su conciencia ciertas representaciones que de otra manera permanecerían inconscientes. Es decir, con esa frase expresa "tengo prejuicios, pero me desagrada que sea así".

En varias ocasiones dice haber renunciado a su progreso profesional a causa de su relación de pareja, lo que podemos asegurar se convertirá en una venganza hacia ella. Su manera de concebir el amor parece incompatible con el crecimiento profesional y personal, en sus propias palabras, por lo que alguna de estas áreas ha de ser sacrificada. No obstante, cuando una persona hace eso, empobrece sin darse cuenta el resto de áreas de su vida, por medio del mecanismo de la represión, se olvida de ciertos deseos aún vivos en él, y tiende a negarlos, de tal forma que estos deseos cobran una mayor fuerza desde lo inconsciente, expresándose de una manera deformada. Es como si en lo que dice nos dijera a la vez, "soy un gran ambicioso que estoy renunciando a mi progreso profesional por mi mujer y me vengo por ello". Es con mujeres que no puede relacionarse en posición subordinada y a la vez es para su mujer dicho síntoma. Con lo cual en el mismo síntoma se satisface el deseo de no trabajar y el castigo por la culpa inconsciente que eso le produce y además el síntoma logra su dedicatoria. Los deseos hostiles hacia su mujer, que a la vez viene a ocupar en este caso el puesto de la madre, se satisfacen en sus relaciones hostiles con sus jefas. Que le han llevado reiteradamente al despido o al abandono del puesto, que vendría a ser un castigo para calmar la culpa. Y todo esto se juega de manera inconsciente en él.

Tomar la iniciativa de cuestionarse a sí mismo e implicarse en lo que le pasaba fue un paso fundamental que trajo asociado una leve mejoría. Después de unos meses de psicoanálisis su relación profesional con las mujeres mejoró y ha sido ascendido a jefe de cocina.

De lo inconsciente sabemos por sus efectos en la realidad. El método psicoanalítico que trabaja directamente sobre nuestros procesos mentales inconscientes produce efectos directos sobre nuestra realidad laboral.

Esta obra se terminó de realizar
por Pinares Impresores, S.L.
en Marzo de 2019

EDITORIAL GRUPO CERO
C/ Princesa, 13, 1° Izq. - 28008 Madrid, España - Teléfono 917 581 940
www.editorialgrupocero.com

www.ingramcontent.com/pod-product-compliance
Ingram Content Group UK Ltd.
Pitfield, Milton Keynes, MK11 3LW, UK
UKHW022013190726
13853UKWH00005B/1916